Realization

Into the Changing Light

Books By Douglas W Anderson
Libros por Douglas W Anderson

A Promise—Poems
Una Promesa—Poemas

**In The Light Of The Sun—A Witness
Poems**
A la Luz del Sol—Un Testigo
Poemas

Eurydice Turning—Poems
El Girar de Eurídice—Poemas

Douglas W Anderson

Realization
Into the Changing Light
Poems

Realización
En la Luz Cambiante
Poemas

If those around you don't understand poetry, then write more so they may intensify the imagination by associative thinking.

Si los que te rodean no entienden la poesía, entonces escribe aún más para que así puedan comprimir la imaginación por medio del pensamiento asociativo.

Spanish Translation / Traducción al espanol
Ivan Mancinelli–Franconi, PhD

Quaking Aspen Press
Sunriver, Oregon

Published 2018 by Quaking Aspen Press Sunriver, Oregon www.quakingaspenpress.com
Printed by CreateSpace.com and Amazon Co.

Realization — Poems — Poetry / English with Spanish Translation.

Excerpt quote by Adam Weishaupt from PROOFS OF A CONSPIRACY, by John Robinson, Page 129, 1798. Public Domain.

Excerpt of one line from WITHOUT PROOF OR EVIDENCE, Essays of O.K. Bouwsma, Edited and introduced by J.L. Craft and Ronald E. Hustwit.
© 1984 by the University of Nebraska Press, Lincoln and London. Page 2. Reprinted and used by permission of University of Nebraska Press.

Cover photo, layout, and book design by Lieve Maas, BrightLightGraphics.com

Printed in the United States of America

ISBN: 978-0-578-40302-1

This volume is dedicated to my friends, colleagues and those who have passed on. They, along with their students, have inspired in others, their best qualities. They dedicated their passion, intelligence, and best judgment while trying to do right by others, always humbly listening and learning.

Este volumen está dedicado a mis amigos, colegas y a los que han fallecido. Ellos, junto con sus estudiantes, han inspirado en otros, sus mejores cualidades. Dedicaron su pasión, inteligencia y mejor juicio al tratar de hacer lo correcto por los demás, siempre escuchando y aprendiendo humildemente.

Contents / Índice

Acknowledgement

Dr. Ivan Mancinelli–Franconi deserves a special mention of acknowledgement. His art comes from his intellect. His heart is always in strident pursuit of the truth of any matter before him. This unusual combination of traits in a person borders on perfecting the written translated word, when he gives interpretation to the meaning of words. It is an art form to be able to do so. The above says more about him as a person and who he has become in his life than any compliment I could bestow. He is indeed the best of who we all are. I am indebted to his mentorship and friendship.

Reconocimiento

El Dr. Iván Mancinelli–Franconi, merece una mención especial de reconocimiento. Su arte proviene de su intelecto. Su corazón está siempre en la búsqueda estridente de la verdad de cualquier tema delante de él. Esta combinación inusual de cualidades en una persona roza con el perfeccionamiento de la palabra escrita traducida, cuando l le da la interpretacin al significado de las palabras. Es una forma de arte poder hacerlo. Lo antedicho dice más sobre él como una persona y en lo que se ha convertido en la vida que cualquier elogio que yo le pudiera conferir. Él es, de hecho, el mejor de lo que todos somos. Estoy en deuda con su mentoría y amistad.

You, My Friends

The well–educated find it hard to tell the truth.
They are not lying; they frequently don't know.
The ignorant are not sure what the truth is.
They are not lying; they frequently don't know.
They are both hard wired differently.
Their neurochemistry is not the same,
and the narcissist always lurks somewhere.

Sitting among friends and acquaintances,
some are uncomfortable with eye contact.
Moods and subjects shift as sitting positions shift.
Everyone's attention turns to the story teller.
Being a good listener relaxes the tension.
Participation makes the time pass,
eases the acceptable social contact.
The best storytellers make short work,
the truthful ones offer understanding.

Why is it I can't remember a joke,
or tell a story with enough humor,
the licentious and irreverent way,
while everyone laughs thinking well of me?
Although, the meaning and significance
of a story rarely slips my senses,
a solemn shift of my attention,
approaching the teller's sanctum,
intensifies my interest in the tale.

One acquaintance was desirous.
One was educated and very honest.
One was waiting for a poem to appear.

One was paged to a higher calling.
One came in late, grasped my hand,
turned up my palm and read my future.
He proclaimed friendship with sincerity.
One was guilty, but the sacrifice,
oh, the sacrifice to be honest,
was still too much.

Ustedes, mis amigos

A los bien-educados les resulta difícil decir la verdad.
No mienten; con frecuencia no saben.
Los ignorantes no están seguros qué es la verdad.
No mienten; con frecuencia no saben.
Ambos están programados diferentemente.
Su neuroquímica no es la misma,
y el narcisista siempre merodea en algún lugar.

Sentado entre amigos y conocidos,
algunos se sienten incómodos por el contacto de ojos.
Los estados de ánimo y temas cambian con la posición de su asiento.
La atención de todos se centra en el cuentacuentos.
Ser un buen oyente relaja la tensión.
La participación hace que el tiempo pase,
facilita el contacto social aceptable.
Los mejores cuentacuentos hacen breve el trabajo,
los veraces ofrecen comprensión.

¿Por qué no puedo recordar un chiste,
o contar una historia con bastante humor,
de la forma licenciosa e irreverente,
mientras que todo el mundo se ríe al pensar bien de mí?
Aunque, el significado y la importancia
de una historia rara vez se escapa de mis sentidos,
un cambio solemne de mi atención,
que se acerca al Sagrario del narrador,
intensifica mi interés en el cuento.

Un conocido era ambicioso.
Uno era educado y muy honesto.
Uno estaba esperando que un poema apareciera.

A uno lo llamaron a una vocación más noble
Uno llegó tarde, tomó mi mano,
dio vuelta mi mano y leyó mi futuro.
Proclamó la amistad con sinceridad.
Uno era culpable, pero el sacrificio,
Oh, el sacrificio de ser honesto,
era aún demasiado.

Those who created wounds still suffer,
their inhumanity does not come as a surprise,
and the haze of ignorance casts a shadow,
over the light of bliss so easily to be won.
There always seems to be one
in the room circling for control.
Their fear feeds on itself, the monster.
When we find an absence of emotion.
We should have no presence of pity.

So how do we make the connection?
What shall be the advice,
if those around us
don't understand poetry,
know when or how the
story could be presented,
or tell stories so differently
among themselves?

Write more so they may be curious?
Write from our hearts, with a rhythm
pulsing vitality they have sensed?

They have known us, you and I.
We have promised to
not lead them astray,
to be honest to the point of pain,
to speak the truth without fear,
all the while finding
beauty in their souls,
perhaps bypassing the hard wiring,
so persistent in their differences.

Los que crearon las heridas siguen sufriendo,
su inhumanidad no viene como una sorpresa,
y la bruma de la ignorancia proyecta una sombra,
sobre la luz de la felicidad que se logrará tan fácilmente.
Siempre parece haber uno
en la sala dando vueltas para controlar.
Su miedo se alimenta de sí mismo, el monstruo.
Cuando nos encontramos con una ausencia de emoción.
No nos debe faltar la piedad.

Entonces, ¿cómo hacemos la conexión?
¿Cuál será el consejo,
si los que nos rodean
no entienden la poesía,
no saben ni cuándo o cómo la
historia podría presentarse,
o contarse historias tan diferentemente
entre ellos mismos?

¿Escribir más para que así tengan curiosidad?
¿Escribir de nuestros corazones, con un ritmo
pulsando vitalidad que ellos han detectado?

Ellos nos han conocido, a ti y a mi.
Les hemos prometido
no llevarlos por el camino equivocado,
ser honesto hasta que nos duela,
decir la verdad sin temor,
y al mismo tiempo encontrar
belleza en sus almas,
tal vez, pasando por alto la programación,
tan persistente en sus diferencias.

To every man his chink, his illusion.
O.K. Bouwsma

The Black Box

There are only four rules for the black box.
One can never know what is outside the box.
At a moment, in any day, one will find one's self in the box,
unable to guess how one got there, having no prior memory,
mixing with everyone else who were already in the box.
No one can ever leave the box while alive, equivocal it is.
There is no communication between the real and unknowable.

In the box a few think they can hear something outside,
perhaps a voice, rustling of leaves, trees or footsteps.
Some hear the wind connect with thoughts outside;
some write down verses that were chanted far away.
Some think there is a door, and try to find it.
A few think they see through a crack in a door that is shut tight,
or a keyhole they can see through interpreting languages.

Some claim to know many things about the other side.
However, what is outside the box is a guess.
Only the inside is known for sure, as far as
the five senses convey information to our brains,
and the knowing for sure eventually affiliates doubt of what we know.

In art, it is hard to convey what is known as truth immutable,
but one can use the rules of The Tractatus Logical–Philosophicus.
It has helped to see the moons of the planets far away,
view the topography of heavenly bodies in 3D surface relief,
and helped identify chemical constituents of planetary soil
or asteroids, ancient space rivers of matter, far away galaxies
red shifting faster than our own, asteroid paths and trajectories of collision.

A cada uno su rayo, su ilusión.
O.K. Bouwsma

La caja negra

Hay sólo cuatro reglas para la caja negra.
Uno nunca puede saber lo que está fuera de la caja.
En un momento, en cualquier día, uno se encontrará en la caja,
sin poder adivinar cómo llegó allí, al no tener memoria previa,
mezclándose con todos los demás que ya estaban en la caja.
Nadie jamás puede salir de la caja mientras viva, es equívoco.
No hay ninguna comunicación entre lo real y el incognoscible.

En la caja algunos piensan que pueden oír algo afuera,
tal vez una voz, un murmullo de hojas, árboles o pasos.
Algunos oyen el viento conectarse con los pensamientos afuera;
algunos escriben versos que se cantaban a lo lejos.
Algunos piensan que hay una puerta y tratan de encontrarla.
Unos cuantos piensan que ven a través de una trizadura en la puerta que esta
    cerrada firmemente,
o una cerradura a través de la cual pueden ver interpretando idiomas.

Algunos afirman saber muchas cosas sobre el otro lado.
Sin embargo, lo que hay fuera de la caja es una suposición.
Sólo en el interior se conoce con certeza, por lo que
los cinco sentidos transmiten información a nuestro cerebro,
y el saber por seguro eventualmente se asocia a la duda de lo que sabemos.

En el arte, es difícil transmitir lo que se sabe como la verdad inmutable,
pero uno puede utilizar las reglas del Tratado Lógico–Filosófico.
Ha servido de ayuda para ver las lunas de los planetas lejanos,
ver la topografía de los cuerpos celestes en relieve superficial tridimensional,
y servido para identificar los componentes químicos del suelo planetario
o asteroides, antiguos ríos espaciales de materia, galaxias lejanas
la roja cambiando más rápido que la nuestra, sendas de asteroides y
    trayectorias de colisión.

The Tractatus helps us understand, as a language tool, the singularity,
measure and map the background microwave temperature,
deep in space left over from the Big Bang,
and are the keys that unlock, in wonder and amazement,
the path of a neutrino not hitting matter as it passes through.
These tools have helped to understand the velocity of DNA,
as a vector in species differentiation directing future biology.
Tools that have expanded the inside of the black box, but only
allowed us to see what is in the more expansive recesses.

Never being outside the black box, one moment finding myself within,
having no memory and unable to guess about my arrival,
joining previous persons whom themselves did not know their origins,
never being able to leave the box, seem to be the staples of existence.
The claim to know otherwise is within us all, and expressed variously as
persuasiveness of one or many within or without, a compromised duality
of I exist, therefore I am, or denial as a right of life, not to be transgressed.

So what is left for the rest trying to find the undeniable truth as science,
extrapolating from what is repeatable and provable, within the rules?
Only a few may try to unify all the forces, from inside the box.
Proving the existence of a unified field theory shall be their ultimate work,
following the rules of the black box and the challenges of our neurochemistry.
No spiritual act of man will break the silence of outside the black box.
The Black Box of science and poetry, or one of deconstructing denial,
is our individual choice. Say what now, you?

El Tratado nos ayuda a entender como una herramienta lingüística de la singularidad,
medida y pone en mapa la temperatura de las microondas ambientales,
en lo profundo del espacio sobrante después del Big Bang,
y son la clave que desata, con asombro y sorpresa,
el sendero de un neutrino sin chocar la materia al pasar.
Estas herramientas han servido para entender la velocidad del ADN,
como un vector en la diferenciación de las especies dirigiendo el futuro de la biología.
Herramientas que han ampliado el interior de la caja negra, pero sólo
nos han permitido ver lo que hay en los recovecos más expansivos.

Sin nunca haber estado fuera de la caja negra, en un momento me encuentro adentro,
sin tener memoria y no poder adivinar acerca de mi llegada,
uniéndome a personas anteriores que desconocían su propio origen,
al no poder jamás salir de la caja, parece ser lo básico de la existencia.
La afirmación de saber lo contrario está dentro de todos nosotros y se expresa diversamente como
persuasión de uno o varios, dentro o fuera de una dualidad comprometida
del Yo existo, por lo tanto soy, o la negación como un derecho de la vida, a no ser transgredido.

Entonces ¿qué queda para el resto que trata de encontrar la verdad innegable como una ciencia,
si extrapolamos lo que es repetible y demostrable, dentro de las normas?
Sólo unos pocos pueden intentar unificar todas las fuerzas del interior de la caja.
Comprobar la existencia de una teoría del campo unificado será su último trabajo,
siguiendo las reglas de la caja negra y los retos de nuestra neuroquímica.
Ningún acto espiritual del hombre romperá el silencio afuera de la caja negra.
La Caja Negra de la verdadera y sana ciencia y poesía, o una de la deconstrucción de la negación,
es nuestra elección individual. ¿Y qué dices ahora, tú?

You did not know, Akhenaten, you would
bury Egypt in the ideological sands of time.
Douglas W Anderson

The Distinction and Consequence

Part of me lives in the past,
each day absorbed in a tribute,
owed the gods who rule the demons,
circling within, very steadfast.

So many seconds having lived,
most, disturbed by sad visceral pain,
into the hours of reminisce, they fit
the recollections neatly retrieved.

Having no organized religion as my excuse,
to answer questions of faith,
put to anyone else to learn about,
were always answered with glib suffuse.

This bothered me for a long time,
answers of subterfuge easy to say,
most of all seemingly innocent however,
the circular details of religion's cline.

The questions of faith always centered around
justice, law, morality and living together,
confused though, by cultural affirmations of cosmotheism,
instead of the liberation from bondage by God, abound.

The revolutionary Mosaic Distinction,
tertium non datur, all political in assent,
promoted justice and law as divine on earth,
over the privilege of various God discursions.

The consequent challenge to the king,
aside from his legislative powers,
raised the human adventure in justice,
to the rank of religious truth assenting.

No sabias, Akenatón, que enterrarías
a Egipto en las arenas ideológicas del tiempo.
Douglas W Anderson

La distinción y consecuencia

Parte de mí vive en el pasado,
cada día absorto en un tributo,
que se les debe a los dioses que gobiernan los demonios,
que circundan el interior firmemente.

Tantos segundos después de haber vivido,
más, perturbado por el triste dolor visceral,
hacia las horas del recuerdo, caben
en los recuerdos perfectamente recuperados.

Al no tener ninguna religión organizada como mi excusa,
para responder a las preguntas sobre la fe,
formuladas a todo el mundo para aprender,
siempre fueron contestadas bañadas en una verborrea.

Esto me molestó durante mucho tiempo,
respuestas de subterfugio fácil de decir,
sobretodo aparentemente inocente, sin embargo,
los detalles circulares de la clina de la religión.

Las preguntas de la fe que siempre se centran en
la justicia, la ley, la moral y la convivencia,
confundidas sin embargo por afirmaciones culturales del cosmoteísmo,
en lugar de la liberación de la esclavitud por Dios, abundan.

La revolucionaria distinción mosaica,
tertium non datur, todo político en el consentimiento,
promovia la justicia y el derecho como divino en la tierra,
sobre el privilegio de varios discursos sobre Dios.

El consiguiente desafío al rey,
aparte de sus poderes legislativos,
levantó la aventura humana en la justicia,
al rango de la verdad religiosa pactada.

So when I asked the question of some,
"What is it to be a good (religion)?"
Some responded "good question,"
but the answer was always a pithy theism.

One answer was unusually faithful,
developing a "sense of social justice,"
sharpening the difference between
truth and lies, a managed idea of equal.

The momentum of the Mosaic Distinction,
and the resultant challenge to the histories
of divine right of kings, brought forth all modern
systems, of government, anarchy and abolition.

The root of wars so obvious today,
treachery of conspirators and money,
cause conflicts of government and one's spirit,
also the confusion of theology and religious say.

So what does the future hold,
the next change we as a species,
should expect in the form
of a "distinction" arguably bold?

A sharp sense of social justice should shape
the difference between the voices, and the ascent
of the knowable universe by associative thinking,
burying causative failures of Hegelian rape.

Nuclear devices, EMP weaponry,
we should be concerned.
Perhaps it is just consciousness
that keeps us restrained sacrificially.

But consciousness alone cannot be,
the sole nuance of certain destruction,
playing with the energy of the atom,
when it is mixed with the demons circling ably.

Así que cuando le pregunté a algunos,
"¿Qué se entiende como una buena (religión)?"
Algunos respondieron "buena pregunta,"
pero la respuesta era siempre un teísmo conciso.

Una respuesta fue inusualmente fiel,
que desarrolló un "sentido de justicia social,"
afilando la diferencia entre
la verdad y las mentiras, una idea administrada de igualdad.

El impulso de la distinción mosaica,
y el desafío resultante de las historias
del derecho divino de los reyes, dio luz a todos
los sistemas modernos de gobierno, anarquía y abolición.

La raíz de las guerras tan evidentes hoy en día,
la traición de conspiradores y el dinero,
provocan conflictos en el gobierno y el espíritu de uno,
también la confusión de la teología y lo que manda lo religioso.

¿Qué depara el futuro,
de los próximos cambios que nosotros como especie,
debemos esperar en forma
de una "distinción" que podría decirse sea audaz?

Un fuerte sentido de justicia social debería dar forma
a la diferencia entre las voces y el ascenso,
del universo cognoscible por el pensamiento asociativo,
que entierra las fallas causales de violación hegeliana.

Los dispositivos nucleares, armas de impulso electro magnético
deberían preocuparnos.
Tal vez es sólo la conciencia
que nos mantiene restringidos en sacrificio.

Pero no puede ser sólo la conciencia,
el único matiz de cierta destrucción,
que juega con la energía del átomo,
cuando se mezcla con los demonios que circundan hábilmente.

The belief in freedom and the skeptic inherent,
comes from God not the conflict of
profane justice and human wisdom.
So we should judge ourselves pursuant.

Equality is a lie that spawns pleasure and violence,
when the undulations of government start to strangle.
Skepticism is essential for freedom,
otherwise we will be led into silence.

Perhaps the afore distinction is the missing link,
to the change we see with troubled cognition,
wanting social justice without consequence,
wanting a great leap without an ability to think.

La creencia en la libertad y el escéptico inherente,
viene de Dios no del conflicto de
justicia profana y sabiduría humana.
Así que debemos juzgarnos de acuerdo.

La igualdad es una mentira que genera placer y violencia,
cuando las ondulaciones del gobierno comienzan a estrangular.
El escepticismo es esencial para la libertad,
de lo contrario seriamos conducidos al silencio.

Tal vez la susodicha distinción es el eslabón perdido,
el cambio que vemos con problemas cognitivos,
deseando justicia social sin consecuencias,
deseando un gran salto sin la capacidad de pensar.

For Mark Cotton

The Young Runner

If you look close,
you can see the pride,
of the sprinter in the cool,
smooth unison form,
rounding the back curve
200 yards away.
Sometime in the afternoon sun light,
at almost the same place in another race,
you can see the easy breathing,
of the long distance runner,
ahead of the pack, moving mechanical,
in a different stride of desire,
almost imagining the importance,
of the ancient sacrifice of Pheidippides,
rounding Mt. Penteli,
and through the pass of Dionysus,
soon to become the sprinter again,
in the cool smooth unison form,
stretching a tired stride to the limit,
uncertain of the ending,
but certain of the finish.

Para Mark Cotton

El joven corredor

Si miras de cerca,
puedes ver el orgullo,
del velocista en la fresca,
forma suave del unísono,
redondeando la curva de la espalda
200 yardas en la distancia.
A veces a la luz del sol de la tarde,
en casi el mismo lugar en otra carrera,
puedes ver la respiración natural,
del corredor de larga distancia,
llevando la ventaja, moviéndose mecánico,
en un paso diferente de deseo,
casi imaginándose la importancia,
del antiguo sacrificio de Feidípides,
dando la vuelta en Monte Penteli,
y por el paso de Dioniso,
para luego volver a ser el velocista
en la fresca forma suave del unísono,
forzando un paso cansado al límite,
incierto del final,
pero cierto de la meta.

In memory of those summertime crisp white sheets
hung on the clothesline, and my grandparents.
Douglas W Anderson

Changing Times

My grandparents got up before the sun came up,
the stars were awake, bright in the pre–dawn.
My parents got up as the sun came up,
barely lighting the dim room without color.
We get up just after the sun comes up,
closing the window to take the chill off.
Our children get up when the sun
is set in the morning sky,
reading the comics before a shower.
What is to become of their children?

My grandparents went through the eighth grade,
their writing in cursive was perfect,
and fit within the margins,
the three R's were well admired.
My parents went through high school,
their writing in cursive was perfect,
Thoreau, Longfellow and Shakespeare
were remembered well.
We went through college,
our cursive writing was good and legible,
and we often wondered if Timothy Leary
really led the way for any of us.
Our children went through graduate school,
their cursive writing was legible,
giving way to cell phones and texting,
never completing a thought well.
Their children have not started school yet.
Cursive writing is not taught in class anymore,
they do not know how to play,
and are afraid of adults,
who smile at youth's character.

En recuerdo de aquellas sábanas blancas crujientes
colgadas en el tendedero en el verano y mis abuelos.
Douglas W Anderson

Tiempos de cambio

Mis abuelos se levantaban antes de que el sol saliera,
las estrellas estaban despiertas, brillantes en la pre–madrugada.
Mis padres se levantaban con la salida del sol,
apenas iluminando la tenue habitación sin color.
Nosotros nos levantamos justo después que sale el sol,
y cerramos la ventana para quitarnos el frío.
Nuestros hijos se levantan cuando el sol ya
se encuentra en el cielo matinal,
leen las historietas antes de una ducha.
¿Qué ha de ser de sus hijos?

Mis abuelos completaron la escuela elemental,
su escritura cursiva era perfecta,
y cabía dentro de los márgenes,
la lectura, la escritura y la aritmética inspiraban admiración.
Mis padres completaron la escuela secundaria,
su escritura cursiva era perfecta,
de Thoreau, Longfellow y Shakespeare
tenían buenos recuerdos.
Fuimos a la Universidad,
nuestra escritura cursiva era buena y legible,
y nos preguntábamos a menudo si Timothy Leary
realmente nos abrió el camino.
Nuestros hijos pasaron por la escuela de posgrado,
su escritura cursiva era legible,
dando paso a los teléfonos celulares y mensajes de texto,
sin nunca poder completar un pensamiento bien.
Sus hijos aún no han empezado la escuela.
La escritura cursiva ya no se enseña en la clase,
no saben cómo jugar,
y le tienen miedo a los adultos,
que sonríen al carácter de la juventud.

My grandparents ate meat and potatoes.
Sometimes they had a beer;
lemonade eased the day's pain.
My parents ate meat, potatoes and vegetables.
They had a beer and sometimes a cocktail.
A cigarette was a reprieve from the day's labor.
We eat fish, pasta, and vegetables.
We have a beer and a martini;
marijuana eases the evening hours for some.
Our children eat burgers, fries, and ice cream;
they have wine, coolers, and flavored vodka,
meth, marijuana, and at times cocaine,
imparting energy to stay the day.
Their children will eat gene spliced food.
What will they drink?
What will be their choice
of receptor–altering drug,
designed just for them?
Who will they say hello or good morning to?

My grandparents played stickball in the lot down the street,
read books, understood history, and
listened to the radio when it was important.
My parents read newspapers and magazines,
innocent of seeing misleading tendencies,
playing softball on the park's grass fields.

We read our computer with intent,
watch our TV being inscrutable,
only later discovering the dishonesty
of the internet, cable, and airwaves,
in promoting their position of lies.
Basketball is our game and everyone
is equal, can you imagine?

Mis abuelos comían carne y papas.
A veces bebían una cerveza;
la limonada aliviaba el dolor del día.
Mis padres comían carne, papas y verduras.
Bebían una cerveza y a veces un cóctel.
Un cigarrillo era un descanso del trabajo del día.
Comemos pescado, pasta y verduras.
Bebemos una cerveza y un Martini;
la marihuana alivia las horas de la tarde para algunos.
Nuestros niños comen hamburguesas, papas fritas y helados;
beben vino, refrescos y vodka con sabor,
metanfetamina, marihuana y a veces cocaína,
imparten energía para tolerar el día.
Sus hijos comerán alimentos genéticamente alterados.
¿Qué beberán?
¿Cuál será su elección
de drogas alteradoras de receptores,
diseñados especialmente para ellos?
¿A quién le dirán "Hola" o "Buenos días?"

Mis abuelos jugaban al beisbol casero en un terreno vacío más abajo en la
    cuadra,
leían libros, entendían la historia, y
escuchaban la radio cuando era importante.
Mis padres leían periódicos y revistas,
inocentes de las engañosa tendencias,
jugaban softbol en los céspedes de los parques.

Leemos nuestro computador con intención,
vemos nuestra televisión inescrutablemente,
para más tarde descubrir la deshonestidad
del internet, el cable y ondas radiofónicas,
en promover su posición de mentiras.
El baloncesto es nuestro deporte y todo el mundo
es igual, ¿te imaginas?

Our children do not read books,
they are too long in content,
while clipping cyberspace daily for snippets.
They play soccer, making sure,
everyone plays the same minutes.
Our grandchildren are lost in cyberspace,
having never met accountability,
in any form as they form themselves,
playing video games the Supreme Court
considers safe to play with influence.

The sun comes up every day the same as it sets.
The teacher still has to be in the classroom.
One still has to learn to write.
The farmer still has to plant the seed.
The distiller still has to ferment the grain.
The rancher still has to winter and feed the stock.
The fisherman still has to catch the fish.
The printer still has to print the books.
The ball maker still has to make the ball.
Games for physical activity are still the best.
Equality is not and never has been part of nature.
Leverage still cannot be improved on,
so that puts Bill Gates' invention
into perspective, in history.

We still have to learn the knowledge,
of those who passed before us.

So what has changed?
Certainly not the color of autumn,
the pristine land of winter,
the green and bloom of spring,
the clear skies of summer,
or the cool freshness of pure water,
or when the sun comes up.
Who has more control of our lives?

Nuestros hijos no leen libros,
son demasiado largos en su contenido,
mientras que a diario recortan el ciberespacio en búsqueda de
    fragmentos informativos.
Juegan fútbol, asegurándose de que,
todos juegan los mismos minutos.
Nuestros nietos se pierden en el ciberespacio,
sin jamás haber conocido la responsabilidad,
de cualquier forma durante su formación,
juegan juegos de video que la Corte Suprema
considera seguro para jugar con influencia.

Sale el sol todos los días igual como se pone.
El profesor todavía tiene que estar en el aula.
Todavía hay que aprender a escribir.
Todavía, el agricultor debe sembrar la semilla.
El destilador todavía debe fermentar el grano.
El ganadero todavía tiene que invernar y alimentar a su ganado.
El pescador todavía tiene que pescar los peces .
La impresora todavía tiene que imprimir los libros.
El fabricante de pelotas todavía tiene que hacer la pelota.
Los juegos de actividad física siguen siendo los mejores.
La igualdad no es ni nunca ha sido parte de la naturaleza.
El apalancamiento todavía no se puede mejorar
por lo que pone el invento de Bill Gates
en perspectiva, en la historia.

Todavía tenemos que aprender el conocimiento,
de aquellos que pasaron antes que nosotros.

Así que ¿qué ha cambiado?
Desde luego, no el color del otoño,
las tierras vírgenes del invierno,
el verde y la floración de la primavera,
el cielo claro del verano,
o la frescura fresca del agua pura,
o cuando sale el sol.
¿Quién tiene más control sobre nuestras vidas?

As always, and has been the case in history,
those who intrude and think for us,
are those who think they have
a better answer for how we should
live our lives, and we let them do so,
insidiously over time.

We are becoming more of the body,
and less of the Free Man.

Como siempre, y ha sido el caso en la historia,
aquellos que se interponen y piensan por nosotros,
son quienes piensan que tienen
una mejor respuesta de cómo debemos
vivir nuestras vidas, y les dejamos hacerlo,
insidiosamente a lo largo del tiempo.

Nos estamos volviendo más del cuerpo,
y menos del Hombre Libre.

The Clinic Visit

The pitiful cast of the orthopedic,
murmuring over his squat stool,
pupils constricted with intimidation,
almost a functional dysphasic.

Some physicians lack empathy,
more have no understanding,
or is it just contempt for themselves
in expressing a lack of patience?

Some physicians just slip through
their program eventually becoming
un-teachable in the sensitivities,
required to treat even themselves.

Some have just been defeated in life,
events not supposed to happen
to this class of dedicated persons,
unable to inspire confidence.

This day he cannot hurt me,
with his proscribed treatment course,
but in his personal inner anger,
he has lost my confidence to return.

I think he slipped through the cracks,
meeting the requirements of his education,
the system he set out to master,
unable to cull his shards of broken passion.

La visita a la clínica

La lamentable mirada del ortopédico,
murmurando sobre su taburete bajo,
pupilas constreñidas con intimidación,
casi un difásico funcional.

A algunos médicos les falta la empatía,
muchos más no tienen comprensión,
¿o es sólo desprecio hacia ellos mismos,
para expresar la falta de paciencia?

Algunos médicos solo se cuelan a través
de su programa llegando al final
sin poder enseñarles las sensibilidades,
necesaria incluso para tratarse a ellos mismos.

Algunos sólo han sido derrotados en la vida,
acontecimientos que no deberían suceder
a esta clase de personas dedicadas,
incapaces de inspirar confianza.

En este día él no puede lastimarme,
con su curso de tratamiento proscrito,
pero en su ira interior personal,
ha perdido mi confianza para volver.

Creo que se coló a través de las rendijas,
cumpliendo los requisitos de su educación,
el sistema que se propuso a dominar,
incapaz de sacrificar sus fragmentos de pasión rota.

The Illusion

The persuasion of apparent justice, the fix of pleasure,
the feeling of control, is nowhere greater in the mind
of the chaos–men and concurs with their soul.
They are calculating, corrupt, killers of individual respect and freedom,
death to us, I say death to you, but there are so many of "them" in anthem.

I believe Jefferson had an unnatural state of mind.
I believe "they" sing a "normal" state of mind combined.
I believe Homo Sapiens have met themselves deservedly.
I believe Homo sapiens have met their destiny.

Two thousand years ago,, a man who is known to have suffered,
even he was not able to defeat the great Caesar.
What say you now who are powerless in your mind,
and what of that potential, defined, enshrined?

Illusion's tension is not a mistake.

"...Qué más despreciable que el fanatismo pero
llámenlo entusiasmo; luego agréguenle la palabrita
noble, "lo pueden llevar por todo el mundo."
Alan Weishaupt

La ilusión

La persuasión de la aparente justicia, la dosis del placer,
la sensación de control, en ningún lugar es mayor que en la mente
de los hombres de caos y está de acuerdo con su alma.
Son calculadores, corruptos, asesinos del respeto individual y la libertad,
muerte a nosotros, y yo digo muerte a ellos, pero hay tantos de "ellos" en
    himno.

Yo creo que Jefferson tenía un estado mental no natural,
Creo que "ellos" cantan un estado mental "normal" combinados.
Creo que el Homo Sapiens ha merecido encontrarse.
Creo que el Homo Sapiens se ha encontrado con su destino.

Hace dos mil años, un hombre que se sabe que sufrió,
incluso él no fue capaz de derrotar al gran césar.
¿Qué dices tú ahora que eres impotente en tu mente,
y qué hay de ese potencial, definido, consagrado?

La tensión de la ilusión no es un error.

The Underpinnings

To be anti–American you must have a voice,
with a certain moral force dedicated to the future,
imperiled by the present which cannot be improved.

Something like tomorrow will be better than today,
without ever knowing how tomorrow may turn out.

Oh, it's the international idea of a world citizen,
having no country but of the world, I shall believe.

Belief in a revolution and the forces that will shape it,
in the coming future as perfect in utopia as imagined.

The power, and the glory shall bring justice and peace,
but only to those loyal to humanity who have zealous hatred,
of the affluent capitalist who energize skepticism,
and question denial as the lies play out in the daylight.

The Hegelian Dialectic demands you hate yourself
so much, it is imperative others feel bad at your feet.

As long as one expresses misery at their subterfuge,
"they" will be smiling all the way to utopia and self–destruction.

Marx led millions into a crisis of belief only to prove again,
to the unwitting millions, the power of the manifesto.

Las base

Para ser antiamericano se debe tener una voz,
con una cierta fuerza moral dedicada al futuro,
en peligro por el presente que no se puede mejorar.

Algo así como mañana será mejor que hoy,
sin nunca saber cómo mañana pueda resultar.

Oh, es la idea Internacional del ciudadano del mundo,
que no tiene ningún país sino del mundo, voy a creer.

Creer en una revolución y las fuerzas que le darán forma
en el futuro venidero tan perfecto en utopía como se imaginaba.

El poder y la gloria traerán justicia y paz,
pero sólo a los fieles a la humanidad que odian fanáticamente,
a los opulentos capitalistas que energizan el escepticismo,
y dudan la negación mientras las mentiras se desenvuelven a la luz del día.

La dialéctica hegeliana exige que te odies
tanto, que es indispensable que otros se sientan mal a tus pies.

Siempre y cuando uno exprese la miseria en su subterfugio,
"ellos" sonreirán todo el camino hacia la utopía y la autodestrucción.

Marx llevó a millones a una crisis de creencia sólo para demostrar una vez más,
a los millones de personas inconscientes, el poder del manifiesto.

Pumping Gasoline

Trying to solicit a smile from you when you fill her up,
is a difficult engagement so early in the morning.
I know you feel the cool breeze anticipating the summer heat,
and the swirling air moving between every step you take.

Some might say you are a pathetic man,
void of any manly macho, virility, or attractiveness
a male would find in another calling for respect,
instead we convey the mutual vocal grunt salute.

Fill her up with regular this time around please;
ten cents off sir from the price now as advertised.
Yes, go ahead. Can the hose reach, restrained
by the cable sure not to scratch the finish of the fender?

Some have had anxiety waiting in line remembering,
a nervous sequestering of their freedoms,
forced as elementary school children to obey
all the rules of waiting, patience and servitude.

It appalls me to see grown men in shorts just below
their knees as if just out of school still juvenile,
neutered appearing, arms tattooed, expressionless
like eunuchs trading a day's work for minimum wage.

There was a time when young boys morphed into men,
with a gait of assurance clothed in blue denim Levis,
and a muscle shirt tucked in ready for work.
They were tightly woven into the fabric of society.

Snubbed by some, respected by all who relied on them
to fill the tank, clean the windshield, check the oil,
run the credit card, check the tire pressure, radiator level,
clean the headlights and say thank you sir for dropping in.

Now, there is just a fusing, grizzly, guzzling of gasoline,
by cars filled frequently, by pumps manned by young men,
who are sad pathetic reminders of our educational system,
and government school policies of dumbing us down.

Bombear gasolina

Tratar de solicitar una sonrisa de ti cuando llenas el tanque.
es una faena difícil tan temprano en la mañana.
Sé que sientes la brisa fresca, anticipando el calor del verano,
y el aire que se mueve como remolino con cada paso que tomas.

Algunos podrían decir que eres un hombre patético,
vacío de cualquier virilidad de macho, o atractivo
que un hombre encontraría en otro pidiendo respeto,
por lo contrario, nos transmitimos el mutuo saludo vocal de gruñidos.

Llénalo hasta el tope con regular esta vez, por favor;
diez centavos menos del precio anunciado, señor.
Sí, adelante. ¿Puede la manguera alcanzar, refrenada
por el cable sin que raspe el esmalte del parachoques?

Algunos han sentido ansiedad esperando en la cola recordando,
un nervioso secuestro de sus libertades,
forzados como niños de la escuela primaria a obedecer
todas las reglas de la espera, la paciencia y la servidumbre.

Me horrorizo al ver hombres maduros en pantalones cortos que les llegan
más abajo de las rodillas como si apenas hubiesen salido de la escuela todavía
    juveniles,
pareciendo ser castrados, brazos tatuados, inexpresivos
como eunucos cambiando un día de trabajo por salario mínimo.

Había una vez cuando los niños se transformaban en hombres,
con pasos seguros, vestidos en Levis de mezclilla azul
y una camiseta metida en el pantalón listos para trabajar.
Ellos estaban integralmente entretejidos en la estructura social.

Rechazados por algunos, respetados por todos los que dependían de ellos
para llenar el tanque, limpiar el parabrisas, revisar el aceite,
hacer funcionar la tarjeta de crédito, verificar la presión de los neumáticos, el
    nivel del radiador,
limpiar los focos delanteros y decir gracias señor por haber venido.

Ahora, hay sólo una fusión truculenta de consumo voraz de gasolina,
por coches llenos frecuentemente por bombas manejadas por hombres jóvenes,
que son un triste recordatorio patético de nuestro sistema educativo,
y sistema educacional y políticas de los gobiernos escolares que pretenden
    entorpecernos.

For Autumn and Erik
October 1st 2011

The Timeless Ritual

Your leaving has a length of its own, unresolved,
as is the natural aspect of a parent–child parting.
This breaking of the bonds is the way of things,
like some timeless, ancient, merciful ritual,
yielding us to bend with the wind, listening,
for the bare silent flowing air uplift of swift phoenix wings.

The parents seem to drift too, in flight themselves, somewhere
to an aged place, feebly imagining the child's journey,
unable to affect something other than watching,
from a distance, bound only by a thin tethered thread.
Later, the public confession of love in marriage,
reunites the parent in union with two now, who were only one,
separate, before, having left the womb not too long ago.

All the advice that could be given has been dispensed.
The compass has a bearing set to degrees that are not
on the scale of things a parent's magnet can influence.
One day if we are lucky enough to live long lives,
the union of husband and wife witnessed today,
will return to us, a resolution to the emptiness of departure,
we feel about our own lives after our parents pass on.

Para Autumn y Erik
1 de octubre de 2011

El ritual eterno

Tu partida tiene una longitud propia, irresuelta,
al igual que el aspecto natural de la despedida entre padre–niño.
Esta ruptura de los lazos es como así son las cosas,
como un ritual intemporal, antiguo y misericordioso,
que nos permite ceder y doblarnos con el viento, escuchando,
el aire que fluye silencioso y desnudo elevar las alas veloces del ave fénix.

Los padres parecen irse a la deriva también, en vuelo, ellos mismos a algún
    lugar,
a un lugar antiguo, débilmente se imaginan del viaje del niño,
incapaces de afectar nada más que mirar,
desde la distancia, atados solamente por un fino hilo.
Más tarde, la confesión pública del amor en el matrimonio,
reúne a los padres en unión con los dos ahora, que eran antes sólo uno,
separado, antes, después de haber dejado atrás la matriz no hace mucho tiempo.

Todos los consejos que se podían dar, ya se han dado,
La brújula tiene rodamientos fijados a grados que no existen
en la escala de las cosas que puede influir el imán de los padres.
Un día, si tenemos la suerte de vivir una vida larga,
la unión entre marido y mujer, de la cual fuimos testigos hoy,
regresará a nosotros, una resolución al vacío de la partida,
que sentimos sobre nuestras propias vidas después del fallecimiento de
    nuestros padres.

Parting For Home

The feelings, the sentient feelings we have for one another,
our mutual attractions, chemistry, the longing look in our eyes,
desire in our heart's embracing the illusion of touching hands,
fusing into a feeling of never wanting to let go.

These parts of who we are to each other bind us in
a certain fate difficult to separate ourselves from,
secretly belonging to each, silently carried in our hearts;
this love for another, is it tempered by time?

Partiendo hacia el hogar

Los sentimientos, las sensaciones inteligentes que tenemos el uno hacia el otro,
nuestra atracción mutua, la química, la mirada nostálgica en nuestros ojos,
el deseo en nuestros corazones abrazando la ilusión de tocar las manos,
fundiéndose en una sensación de no querer soltarlas jamás.

Estas partes de quienes somos el uno para el otro nos ata en,
un cierto destino difícil de separarnos,
secretamente perteneciendo a cada uno, silenciosamente llevándolo
    en nuestros corazones;
¿este amor hacia el otro, estará templado por el tiempo?

The Conspiracy of Corruption

When you plan to do something,
that is right,
the philosopher may say to you,
"your enlightenment cannot be shared
with anyone else,
without risk of rejection;
there is always someone to remind you,
of the sequential consequences,
of your actions as you intend them."
A blistering reminder of what you
will confront the very moment
of your act.

What a dilemma to have to pay attention
to the silver tongues.
Very similar to the generals
of many wars, uninvolved elitists,
in the end sacrificing their men,
for a purpose one did not have in mind,
signing up to do the right thing,
eventually leading to their slaughter.

Whether Achilles was narcissistic,
the burning pyre of Patroclus
was an inspiration, shared consciousness,
of an Achaean's love for his combat brother,
but, Agamemnon won the war.

Only the song remains,
the vanquished shores, flat land,
buried in the smooth fine dust of time,
all have vanished leaving no scars,
the bones of the dead still remain,
mixed with the forgotten soil
of the plain fighting field.

La conspiración de la corrupción

Cuando vas a hacer algo,
que es correcto,
el filósofo puede que te diga,
"tu iluminación no puede ser compartida
con nadie,
sin el riesgo del rechazo;
siempre hay alguien que te recuerde,
las consecuencias secuenciales,
de tus acciones a las que te proponías."
Un fogoso recordatorio de lo que
tendrás que afrontar el mismo momento
de tu acto.

Qué dilema tener que prestar atención
a los lenguaraces.
Muy similar a los generales
de muchas guerras, elitistas no involucrados,
que al final sacrifican a sus hombres,
para un propósito que uno no tenía en mente;
alistarse para hacer lo correcto,
que eventualmente los llevaría a su matanza.

Si era narcisista, Aquiles
la hoguera ardiente de Patroclo
fue una inspiración, la conciencia compartida,
del amor de un aqueo para su hermano de combate,
sin embargo, Agamenón ganó la guerra.

Sólo queda la canción,
las costas vencidas, el terreno llano,
enterrado en el polvo suave y fino del tiempo,
todos han desaparecido sin dejar cicatrices,
los huesos de los muertos perduran,
mezclado con el suelo olvidado
de las llanuras del campo de batalla.

Yes, from the bench of justice,
to any memorial of war,
throughout the lives of everyday citizens,
when they try to do something right,
they are cautioned, compressed, constructed,
while defending the ancient muse myths
in today's weak psychological parlance.

Of those that caution,
delusional sentiments are quite normal;
some think they are gods in the scheme,
quietly though, the origin
of corruption is ordinary.

Those who do not speak up continue
to hear the sad song sung,
and then a quiet silence.
Those who are trying to do
something right must keep trying,
to evolve into a future,
however fearful, of any
present clairvoyant concern.

Sí, desde el banco de la justicia,
a cualquier monumento a la guerra,
a lo largo de la vida de los ciudadanos cotidianos,
cuando intentan hacer algo correcto,
se les advierte, comprime, construye,
mientras defienden los antiguos mitos de la musa
en el frágil lenguaje psicológico de hoy.

De los que advierten,
sus delirantes sentimientos son absolutamente normales;
algunos piensan que son dioses en el esquema,
aunque tranquilamente, el origen
de la corrupción es común.

Quienes no se expresan continúan
escuchando la triste canción que se canta,
y luego un tranquilo silencio.
Aquellos que están intentando hacer
algo correcto deben seguir intentando,
evolucionar hacia un futuro,
no importa cuán temerosos sean de cualquier
inquietud clarividente actual.

Episteme / Episteme

The gray slate, stark edifice sits on steel pilings implanted deep in the soil,
men and women who occupy the spaces of the interior sit erect,
looking curious at the by–passers attracted to the irregular shaped exterior.
This formidable edifice, you have to have a deep purpose to go inside.

Perhaps there is a fragment of ancient literature within this architecture
waiting to be rediscovered by some curious mind linked to the great libraries,
since Alexandria, that would find relevance in a fact long buried,
bringing it alive one more time, long enough to be buried again, and again.

The need arose to look up a fact since failing to remember exactly
what was meant by that fact; alone it would unlock a floodgate of interest.
The sanctuary provided by the linear spread of open spaces and soft lights,
was always a relief from the violence of life outside the imposing structure.

It's not for everyone, inside that is, because the entrance is closed, big doors,
except to a very few who have barcode cards guaranteeing safe passage.
On one level though, one can pass through doors to a foyer with an outside
    feeling,
that allows one into the inner sanctums prized by the most skeptical, skilled,
    and elite.

I had skimmed over it a number of times, passing up other books on that shelf,
but this time it stayed with me until I finished all the pages, painful it was not.
If he were alive today I wonder if I would travel to see it, but as usual,
I never recognize the bird in the tree before it sets to flight for the last time.

...atribuirle a las alas algo más en el vuelo.
Douglas W Anderson

Episteme / Episteme

El edificio frio de pizarra gris descansa sobre pilotes de acero implantados
profundamente en la tierra,
los hombres y las mujeres que ocupan los espacios de su interior se sientan
rectos,
mirando curiosamente a los transeúntes atraídos por la forma irregular del
exterior.
Hay que tener un propósito profundo para entrar en este edificio formidable.

Tal vez haya un fragmento de literatura antigua en esta arquitectura,
esperando ser redescubierto por alguna mente curiosa ligada a las grandes
bibliotecas,
desde la era de Alejandría, que encontraría relevancia en un hecho que durante
mucho tiempo yace enterrado,
y sacarlo a luz una vez más, con el tiempo suficiente para ser enterrado una y
otra vez.

Surgió la necesidad buscar un hecho, ya que no logro recordar exactamente
qué se entiende por ese hecho; solo, abriría una compuerta de interés.
El santuario provisto por una expansión lineal de espacios abiertos y suaves
luces,
siempre fue un descanso de la violencia de la vida afuera de la imponente
estructura.

No es para todos, o sea, adentro, porque la entrada está cerrada, con grandes
puertas,
salvo en unos pocos que tienen tarjetas de código de barras, que les garantiza
un pasaje seguro.
En un nivel, se puede pasar a través de puertas a un vestíbulo con una
sensación de intemperie,
que permite la entrada al sagrario interno, muy apreciado por los más
escépticos, preparados, y elite.

Le había echado un vistazo varias veces al pasar por alto otros libros en esos
estantes,
pero esta vez se quedó conmigo hasta que terminé todas las páginas, doloroso
no fue.
Si estuviera vivo hoy, me pregunto si viajaría a verlo, pero como de costumbre,
nunca reconozco el pájaro en el árbol antes de que emprenda su vuelo por
última vez.

51

At some point we all get tired of looking into a mirror reflective of our own kind,
intellectual bases reporting back to the state position, the feel safe thinking.
In the library, I, full of skepticism, and no remorse, conclude a science fact,
or, interpretation sensibly arranged in a dynamic array of flux; the true
    understanding.

Libraries exist because of one book, and someone wants to know what is in that
    book,
someone wants to know beyond the edifice, someone wants to know the
    episteme,
someone wants to know the pinions are something more in flight.
Someone wants to know about the bird in the tree, before it is too late.

En algún momento todos nos cansamos de mirar en un espejo nuestra propia
    clase,
bases intelectuales que entregan su reportaje a la posición del estado, ese
    pensamiento de sentirse seguro.
En la biblioteca, yo, lleno de escepticismo y sin remordimiento, concluyo un
    hecho científico,
o, interpretaciones sensatamente exhibidas en un dinámico despliegue de
    flujo; el verdadero conocimiento.

Las bibliotecas existen debido a un libro, y alguien quiere saber lo que hay en
    ese libro,
alguien quiere saber más allá de la estructura, alguien quiere saber el episteme,
alguien quiere saber que las plumas son algo más en vuelo.
Alguien quiere saber sobre el pájaro en el árbol, antes de que sea demasiado
    tarde.

The greatest danger we face in today's world,
is the threat of an EMP.
Douglas W Anderson

In the Name of Some Government

The nature of man is corrupt; it's just the great advances
in the last six–hundred years, in science and humanities,
that have outstripped man's true nature, to confine and destroy
what good was wrought from the applications and concepts.
But things have changed in this nuclear age of EMP;
calculating the number of dead in the first year to be ninety percent,
ten percent surviving by default, because of water, arms,
and a food supply growing their own vegetables and fruit.
No insulin, absolutely, no medicines, no operations; in fact
it would be a rude awakening to a sixteenth century existence.
You would have to learn to kill and expose yourself to be killed,
for the group, only the young would fight, mate, be first fed,
cared for, the feeble would succumb soon enough, they will be first.
Those who would be dependent would be so for a while, burdensome,
only for a while though, they would take care of themselves,
voicing a natural bay until silence was the recognition,
of sacrifices, suicides, self–imposed executions,
forced executions of those who steal, murder and get caught,
or the social outcasts, mentally deranged, or within the structure
cannot exist; all happening in the name of some government,
perhaps we call our own, or recognize as someone else's.
You must realize everything electrical now does not work, forever,
and if it did, not for long, for the strong will take what they want,
and you will die so easily, you thought it not possible in the world.

En el nombre de algún tipo de gobierno

La naturaleza del hombre es corrupta; son sólo los grandes avances
de los últimos 600 años, en ciencias y humanidades,
que han superado la verdadera naturaleza del hombre, para limitar y destruir
lo bueno que se forjó de los conceptos y aplicaciones.
Pero las cosas han cambiado en esta era nuclear de los Impulsos
　　　Electromagnéticos;
calcular el número de muertos en el primer año al noventa por ciento,
diez por ciento sobreviviendo de forma predeterminada, debido al agua, las
　　　armas,
y un suministro de alimentos que aumentan sus propias frutas y verduras.
Sin insulina, en absoluto, no hay medicinas, no operaciones; en realidad
sería un duro despertar en una existencia del siglo XVI.
Tienes que aprender a matar y exponerte a ser asesinado,
para en el grupo, sólo los jóvenes lucharían, procrearían, serian alimentados
　　　primero,
cuidados, porque el débil sucumbiría muy pronto, ellos serán los primeros.
Aquellos que serían dependientes, lo serían por un tiempo, una gran carga,
pero sólo por un tiempo, ellos se cuidarían por sí mismos,
voceando un aullido natural, hasta que el silencio fuese el reconocimiento,
de sacrificios, suicidios, ejecuciones auto-impuestas,
ejecuciones a la fuerza para aquellos que roban, asesinan y son atrapados,
o los marginados sociales, los mentalmente trastornados, o que dentro de la
　　　estructura
no pueden existir; todo sucediendo en el nombre de algún tipo de gobierno,
tal vez lo llamemos nuestro propio o lo reconozcamos como de otra persona.
Debes darte cuenta de que todo lo eléctrico ahora no funciona para siempre,
y si así lo es, no será por mucho tiempo, pues los fuertes tomarán lo que
　　　quieren,
y tu morirás tan fácilmente, que te parecía ser imposible en el mundo.

The psychology and policies of money exchange are designed
by those who would take what you value.
Douglas W Anderson

You Can Bank on It

Carrying a check in hand, pushing open the glass doors,
weighing against my body, trying not to salute who is in charge,
what is coming about is the painful shame of confrontation.
The very idea of actually having to take this check to the bank,
speaking to them, asking "why do you need my thumb print
to cash a check?" "We need to protect against fraud!"
"Do I look like I am committing fraud by cashing this check,
from one of your depositors whom you say you know?"

The exchange should have been in cash, a mature concept.
My naive moment and thus the moment of disadvantage,
came when he handed me a check all made out and proper.
His shadows of behavior was what I did not see,
the years of behavioral rehearsal he practiced on his prey,
to the point he always controlled how events went with you,
particularly when you represent yourself so, well, unsuspecting.
The deal done, absent money, check in hand, now the maze.

Try this sometime: try cashing a check without a thumb print.
My only question was "will you ever want my DNA to do business?"
This immersion is a creep of matter that will consume you.
The ocean is so vast and flat you cannot see far over it.
It makes no surf sound, it is so slow you look down one day
at your feet and it is there, about to just touch the soles of your feet,
isolating you into thinking you are powerless, wrong in judgment,
unusual, and perhaps a threat to yourself in your own mind.

It wraps you in futility knocking your head against an ideology
of sameness and exceptions are not allowed, no matter how sane.
"I apologize for the inconvenience sir, we do have our rules
we must follow to protect you and us against the people,
the people who would do us harm." So I asked again:
"Do I look like I am doing you harm in asking to cash this check?
No sir, but we still have our policies we must abide by today.
Will you change your policy if I come back tomorrow?
No!

La psicología y las políticas del cambio de moneda están diseñadas
por aquellos que se llevarían lo que tu valoras.
Douglas W Anderson

Usted puede contar en él

Llevar un cheque en la mano, empujando las puertas de cristal abiertas,
pesando contra mi cuerpo, tratando de no saludar al que está a cargo,
lo que se avecina es la vergüenza dolorosa de la confrontación.
Solo la idea de tener que llevar en realidad este cheque al banco,
hablando con ellos, preguntándoles "Por qué necesitan la huella digital de mi
    pulgar
para cambiar un cheque?" "¡Necesitamos protegernos contra el fraude!"
"¿Parezco una persona que está cometiendo fraude al cobrar este cheque
de uno de sus depositantes que dicen que lo conocen?"

El intercambio debería haber sido en efectivo, un concepto maduro.
Mi momento ingenuo y, por tanto, el momento de la desventaja,
vino cuando me entregó un cheque escrito por completo y conforme.
Sus sombras de comportamiento era lo que no vi,
los años de ensayo conductual que practicó ensañándose con su presa,
hasta el punto que siempre controlaba como los eventos terminarían contigo,
particularmente ya que te presentabas tan bien, e insospechable.
El trato hecho, ausencia de dinero, el cheque en la mano, ahora el laberinto.

Intenta hacer esto alguna vez: trata de cobrar un cheque sin una huella digital
    del pulgar.
Mi única pregunta era "Querrá alguna vez mi ADN para hacer negocios?"
Esta inmersión es un asunto asqueroso que lo consumirá.
El océano es tan grande y plano que no se puede ver muy lejos sobre él.
No hace sonido el oleaje, es tan lento que si miras un día
a tus pies y está allí, a punto de tocar las plantas de tus pies,
aislándote en pensar que eres impotente, mal de juicio,
raro y tal vez una amenaza a ti mismo en tu propia mente.

Te envuelve en futilidad golpearte la cabeza contra una ideología
de igualdad, y no se permiten las excepciones, no importa cuán cuerdo seas.
"Le pido disculpas por la molestia, señor, tenemos nuestras reglas
que tenemos que seguir para protegerle a usted y a nosotros contra la gente,
las personas que nos harían daño." Entonces le pregunté otra vez:
"¿Parezco cómo les estoy haciendo daño al cobrar este cheque?
No señor, pero todavía tenemos nuestras políticas que debemos respetar hoy.
¿Usted cambiará su política si vuelvo mañana?
¡No!

The Dream Slayers

My shadow is an illusion caught in some metaphor.
A discreet indirect offense against the State,
an innuendo of smiles and sadness.
Being honest attempts to absorb the allusions.

From judgment to punishment bind the listeners;
deceptive informants, make it impossible
to find the hidden traitor.
They follow and deceive in the darkness,
pressuring thoughts into
a schizophrenic dream.

Depression halts one cold, in fear!
The banal fear where sameness surfaces.
It is the concealment that numbs the senses
into a slow submission of one's real self, insane.
The voices come at first slow, sure, confusing.
They defile your sense of the beautiful.

The shadows persist mute, colorless, flat,
without any form, following comfortable.
Wherever one hides it is the shadow
of one's presence that informs others
of any intension to express color, a thought.

The desperation of sameness can overwhelm
any witness who sees a shadow's presence.
The illusion is a safe place for fear to nurture
a shadow's strength against the dream slayers.

Los asesinos del sueño

Mi sombra es una ilusión presa en alguna metáfora.
Una discreta ofensa indirecta contra el estado,
una insinuación de sonrisas y tristeza.
El ser honesto intenta absorber las alusiones.

De la sentencia al castigo los oyentes se unen;
informantes engañadores, hacen imposible
encontrar al traidor oculto.
Siguen y engañan en la oscuridad,
presionando pensamientos en
un sueño esquizofrénico.

La depresión lo detiene a uno frío, con miedo!
El miedo banal donde se asoma la igualdad.
Es el ocultamiento que entumece los sentidos
en una lenta sumisión del verdadero ser, una locura.
Las voces vienen al principio lentas, seguras, confusas.
Ellos contaminan tu sentido de lo que es bello.

Las sombras persisten mudas, descoloridas, planas,
sin ninguna forma que siga la comodidad.
Dondequiera que uno se esconda es la sombra
de la presencia de uno que les informa a los otros
de cualquier intensión para expresar el color, un pensamiento.

La desesperación de uniformidad puede abrumar
a cualquier testigo que vea la presencia de una sombra.
La ilusión es un lugar seguro para que el temor nutra
la fuerza de la sombra contra los asesinos del sueño.

The Center Rose

If we could hold hands touching,
and dream of the morning light,
we would remove all doubt
of the past night's darkness.

You have your wings now.
Daring to move into the light,
was a risk you took from
your heart believing in us.

If we could hold hands touching,
our love would come alive,
circling, embracing the anguish
of resistance and convention.

You would not hear those
who would seek your downfall
to make themselves feel better
by your fortune of heart.

Believing in your voice,
the power of the truth,
would set me free from
aching doubt in my soul.

With release from pressure,
imprisoned in betrayal and deceit
the distance of separation was certain.
The night sky became a comfort to us.

You were always the center rose
most beautiful and fragrant to kiss,
moist with dew as fresh scented
to the last centifolia petals plucked.

I miss holding hands and the emotions,
a deep sense of attraction realizes,
undeniably truthful in its message,
from my heart in love with you.

La rosa del centro

Si pudiéramos tomarnos de las manos tocandonos,
y soñáramos con la luz de la mañana,
quitaríamos toda duda
de la oscuridad de la noche anterior.

Ahora tienes tus alas.
Atreverte a penetrar en la luz,
fue un riesgo que tomaste de
tu corazón que creía en nosotros.

Si pudiéramos tomarnos de las manos tocando,
nuestro amor cobraría vida,
dando vueltas, abrazando la angustia
de la resistencia y la convención.

No oirías a los
que tratarían de lograr tu ruina
para que ellos se sintieran mejor
a causa de la suerte de tu corazón.

Creer en tu voz,
el poder de la verdad,
me liberaría de la
dolorosa duda en mi alma.

Al soltar la presión,
encarcelada en traición y engaño
la distancia de la separación era segura.
El cielo de la noche se convirtió en un alivio para nosotros.

Siempre eras el centro de la rosa
más bella y fragante para besar,
húmeda con el rocío y tan frescamente aromada
hasta los últimos pétalos deshojados de la centifolia.

Echo de menos no tomarnos de las manos y las emociones,
un profundo sentido de atracción cobra vida,
sin lugar a dudas veraz en su mensaje,
desde mi corazón enamorado de ti.

My Dreams

My dreams never go away
even when I am awake.
They merge as one splay
luminous enough to forsake.

It begins in the morning's arise,
struggling with a past dream,
perspiring until you crystallize,
just at the edge of a night–scream.

The voices and polite players
never do anything to me
except preface the penetrator
when sleep vanishes verily.

In the broad daylight horizon,
half asleep images cross
between my heart's hyaline haven
and the awakening images' chaos.

When the edge of the dream
is lost spilling from the tip
your images remain clean
through the day's grip.

Being left alone with memory,
is reality different from a dream?
A dream confirms an augury
for memory before death's scene.

Mis sueños

Mis sueños nunca desaparecen
incluso cuando estoy despierto.
Se juntan formando un solo despliegue
lo suficientemente luminoso como para abandonarlos.

Comienza con el despertar de la mañana,
luchando con un sueño previo,
sudando hasta cristalizarse,
apenas al borde de un grito nocturno.

Las voces y jugadores amables
nunca me hacen nada a mí
excepto prologar al penetrador
cuando el sueño se desvanece de verdad.

En el horizonte en plena luz del día,
imágenes medio dormidas cruzan
entre el refugio hialino de mi corazón
y el caos de las imágenes que se despiertan.

Cuando el borde del sueño
se pierde derramándose de la punta
las imágenes permanecen limpias
durante todo el control del día.

Al quedarse uno solo con los recuerdos,
¿difiere la realidad de un sueño?
Un sueño confirma un augurio
para la memoria antes de la escena de la muerte.

If I lie to you, have no doubt about my sincerity.
Douglas W Anderson

A Tendency to Change Into: Ode to a Socialist

True believers are intoxicating.
Their hands are covered in blood.
They are red, incriminating,
castrated, nodulated, pitted and lurid.

They believe in a utopian future,
since the present is never satisfied,
their poor self–image they nurture,
and the two are mutually astride.

Hating themselves to never admit,
the scourge they heap on the spirit,
punishing you so they feel fit,
referring to you as a sick illiterate.

The prospect of a sudden change,
faith in the power of the future,
some potent doctrine to rearrange,
and access to a proselytizing führer,

are all part of their frustration,
feeling their lives are spoiled or wasted,
permanent inclination to flagellation,
facilitating a disaffection abbreviated.

True believers blame the world,
for all the failings of their life,
the millennium sure to come unfurled,
in front of their life's extravagant strife.

These are people truly disconnected,
ignorant of the fanatical domain erected,
in the realm of irresistible power created,
in possession of a doctrine unmitigated.

The true believers are death

Si te miento, no dudes de mi sinceridad.
Douglas W Anderson

Una tendencia al cambio: Oda a un socialista

Los verdaderos creyentes son embriagadores.
Sus manos están cubiertas de sangre.
Son rojas, incriminantes,
castradas, noduladas, picadas y espeluznantes.

Ellos creen en el futuro de la utopía,
ya que el presente nunca se satisface,
su imagen pobre de sí mismos nutren,
y los dos están mutuamente a horcajadas.

Odiarse ellos mismos por no admitir nunca,
la plaga que acumulan sobre el espíritu
te castigan para sentirse en forma,
refiriéndose a ti como a un analfabeto enfermo.

La prospecto de un cambio repentino,
la fe en el poder del futuro,
alguna potente doctrina que reorganizar,
y el acceso a un führer proselitista,

todos forman parte de su frustración,
sintiendo que sus vidas están estropeadas o desperdiciadas,
permanentemente inclinados a la flagelación,
facilitan una desafección abreviada.

Los verdaderos creyentes culpan al mundo
para todos los fracasos de su vida,
el milenio seguramente se desplegará,
frente a los conflictos extravagantes de su vida.

Son personas realmente desconectadas,
ignorantes del dominio fanático erigido,
en la esfera del poder irresistible creado,
en posesión de una doctrina no mitigada.

Los verdaderos creyentes son la muerte

Association versus the Dialectic

The truth is paid attention to by no one.
The tightrope against the white sky,
supports a drama, fixing the rope wireman,
in a rigid expression of a daring, visceral high.

Who cares if he falls, we can't feel anything.
It is all vicarious, intensified to seduce our attention.
We are not even embarrassed if the world watching
sees the rope twitch, the fallen slipped from the ascension.

The real truth, language, transcends time.
The trouble is not enough of it is cared for
as the first arbiter of our life's paradigm.
We just don't believe in language, as before.

Under the association of parts sleeps the metaphor,
completely arousing the intuition and senses.
We have adopted the Hegelian Dialectic heretofore,
confusing the archetypes with reasoned pretenses.

Perhaps it is the fault of modern psychology,
unable to grow out of the nineteenth century,
that has taught the new thesis is free of falsity,
giving credence to tossing what appears peripherally.

Thinking by association is elusive and painful.
It also takes vengeance on Descarte's slippery slope,
to resist and blaspheme the theological prickle,
of those who have been taught to think otherwise.

We are the invention of the heavens beyond reproach.
There are no roots to us except the lineage of language.
It is language that gives time a meaning to approach.
It cannot be other than what is simple in us to presage.

We may never leave anything to posterity,
or rather we will return to dust in eternity.
For now though, association of words preferably,
not a synthesis, is who we are biologically.

La asociativo versus la dialéctica

Nadie le presta atención a la verdad.
La cuerda floja contra el cielo blanco,
soporta un drama, fijando al equilibrista de la cuerda floja,
en una expresión rígida de brío alto visceral.

A quién le importa si se cae, no podemos sentir nada.
Es todo vicario, intensificado para seducir nuestra atención.
Incluso ni nos avergonzamos si el mundo que mira
ve la cuerda retorcerse, el caído se resbaló al ascender.

La verdadera verdad, idioma, trasciende el tiempo.
El problema es que no se cuida lo suficiente o
como el primer árbitro del paradigma de nuestra vida.
Simplemente no creemos en el idioma, como antes.

Bajo la asociación de las partes duerme la metáfora,
despertando por completo la intuición y los sentidos.
Hasta ahora, hemos adoptado la dialéctica hegeliana
confundiendo los arquetipos con pretensiones razonadas.

Quizás sea culpa de la psicología moderna,
incapaz de crecer más allá del siglo XIX,
que ha enseñado que la nueva tesis está libre de falsedad,
dando credibilidad a lo que aparece periféricamente y se bota.

Pensar por asociación es difícil y doloroso.
También nos vengamos de la pendiente resbalosa de Descartes,
para resistir y blasfemar el pinchazo teológico,
de quienes se les ha enseñado a pensar lo contrario.

Somos la invención de los cielos irreprochables.
No tenemos raíces algunas, excepto el linaje del idioma.
Es el idioma el que le da al tiempo un significado para enfocarse.
No puede ser fuera de lo que es simple en nosotros para presagiar.

Nunca podremos dejar nada a la posteridad,
o más bien nos volveremos en polvo en la eternidad.
Por ahora, la asociación de palabras preferiblemente,
no una síntesis, es lo que somos biológicamente.

In trying to love we also pass on our fears.
Douglas W Anderson

Journey's Beginning and End

The initiation into adolescence
brings the promise of a journey,
a rite of passage without fear,
defining the language we speak.

We form archetypes with the past,
the importance of which we define,
the order of which we dream about,
the consciousness we carry forward.

The initiation strengthens the duel,
with a rapier we are invincible,
until the day comes when weakened
in spirit, we fail in our defenses.

The initiation into an older age,
brings the promise of insecurity,
knowing an end will come,
not knowing about the fears,

perpetrated on our children,
whose hearts have a future,
that we so carefully cultivated
as our relationships separate.

The father's trust has been replaced,
by the son–in–law's presence inviolate,
replaced by the daughter–in–law's charm,
not much before we meet the shaman.

Al tratar de amar también transmitimos nuestros temores.
Douglas W Anderson

El principio y el fin de un viaje

La iniciación a la adolescencia
trae la promesa de un viaje,
un rito de iniciación sin temor,
definiendo el idioma que hablamos.

Formamos arquetipos con el pasado,
la importancia de los cuales definimos,
la orden de los cuales soñamos
la conciencia la llevamos adelante.

La iniciación fortalece el duelo,
con un estoque somos invencibles,
hasta que llega el día cuando debilitados
en espíritu, fallamos en nuestras defensas.

La iniciación hacia una edad avanzada,
trae la promesa de la inseguridad,
sabiendo que el fin vendrá,
sin saber acerca de los temores,

perpetrados contra nuestros hijos,
cuyos corazones tienen un futuro,
que tan cuidadosamente cultivamos
mientras nuestras relaciones se separan.

Se ha sustituido la confianza del padre,
por la presencia inviolable del yerno,
sustituida por el encanto de la nuera,
no muy poco antes nos encontramos con el chamán.

Fear and the Child

If you delve deep into your psyche,
other than the impressive archetypes,
what do you think you would find?

Fear and the child most likely?
If not, perfection would be wanting.

Don't we strive every day to be perfect,
minus our measure of trained instincts.
In the end see ourselves
no more than how a wave
might end up as spray in the air.

When in life would you discover this?

Perfection is clearly not God's
plan today or any day,
until the afterlife perhaps?
We forget we are joined
to the opposite,
more attuned to our nature;
stars, space dust, and
heavenly entropy.

So what have you really found of permanence?

El miedo y el niño

Si entras en lo profundo de tu psique,
fuera de los arquetipos impresionantes,
¿qué crees que encontrarías?

¿Miedo y el niño, probablemente?
Si no, faltaría la perfección.

No nos esforzamos cada día para ser perfectos,
menos nuestra medida de instintos entrenados.
Viéndonos al final a nosotros mismos
como no más que cómo una ola
podría terminar siendo espuma en el aire.

¿Cuándo en la vida descubrirías esto?

La perfección claramente no es
el plan de Dios hoy o cualquier otro día,
¿hasta la otra vida tal vez?
Olvidamos que estamos ligados
a lo opuesto,
más en sintonía con nuestra naturaleza;
estrellas, polvo espacial, y
entropía celestial.

Así que ¿qué es lo que realmente encontraste de permanencia?

Sweet Afton,
she flows in memory

Seeing You Dance

Daring your emotions in style,
seeing you dance that evening,
seeing your spirit free to smile,
was like an adolescent teasing.

You reached into my soul pleasing,
with a firm grasp of emotion,
your loveliness racing, releasing,
hiding tight your heart's illusion.

You quickly left in a moment,
leaving your sweet adolescent emotion,
fading in the ether's eternal foment,
disappearing, shaking and uncertain,
too soon.

Verte bailar

Desafiar tus emociones en estilo,
verte bailar esa noche,
ver tu espíritu libre para sonreír,
era como una burla adolescente.

Llagaste a mi alma agradablemente,
con una firme comprensión de la emoción,
tu hermosura apresurada, librante,
ocultando serenamente la ilusión de tu corazón.

Te fuiste rápidamente en un momento,
dejando tu dulce emoción de adolescente,
desvaneciéndote en el eterno fomento de los eters,
desapareciendo, agitada e incierta,
demasiado pronto.

Looking Deeply

Looking deeply into your heart of envy,
I found the love I was searching for;
Yes, you do have it within you.
But, in all your failures,
I shall not be the measure of them.

Mirando profundamente

Mirando profundamente en tu corazón de envidia,
encontré el amor que buscaba;
Sí, lo tienes dentro de ti.
Pero en todos tus fracasos,
yo no seré la medida de ellos.

I Live for a Time

Concerned with trouble fitting into this world,
I live for a time when God will call me to his side,
when the pain of living, shall be no more,
the blurred vision and headwinds shall cease.

Until that time, the universe just keeps expanding,
the sun burns one day closer to a neutron star,
and the minds who govern us keep regressing,
to that default position of a king and his vassals.

Vivo por un tiempo

Preocupado por el problema de no encajar en este mundo,
Yo vivo por el día cuando Dios me llamará a su lado,
cuando el dolor de vivir, no existirá más,
la visión borrosa y los vientos adversos cesarán.

Hasta ese momento, el universo sólo sigue expandiéndose,
el sol quema un día más cerca de una estrella de neutrones,
y las mentes que nos gobiernan, siguen regresando
a esa posición predeterminada de un rey y sus vasallos.

A Question

My politics are those of the signatories,
of the Declaration of Independence.
What signatories, of what, do you ascribe to,
the Communist Manifesto?

Do you know the difference between them?

Do you know the difference between,
dialectic thinking and learning,
versus,
associative thinking and learning?

Can you evaluate the educated outcomes?
Do you feel this is not important?

If you know the difference and understand,
are you afraid of the path's bright light,
to help find your way past the questions?

Understanding is painful when fear is subdued.
Knowing is painful when the truth is illuminated.

Do you understand the difference?

Una pregunta

Mis políticas son como las de los firmantes,
de la Declaración de la Independencia.
¿A cuáles firmantes, de qué te adhieres,
al Manifiesto Comunista?

¿Sabes la diferencia entre ellos?

¿Sabes la diferencia entre,
el pensamiento dialéctico y el aprendizaje,
versus,
el pensamiento asociativo y aprendizaje?

¿Se pueden evaluar los resultados educados?
¿Piensas que esto no es importante?

Si conoces la diferencia y la entiendes,
¿tienes miedo a la luz brillante del camino,
para que te ayude a encontrar el camino más allá de las preguntas?

La comprensión es dolorosa cuando el miedo es tenue.
El conocimiento es doloroso cuando la verdad se esclarece.

¿Comprendes la diferencia?

When we bargain with the devil,
he helps himself.
Douglas W Anderson

AM Fox News With JG
June 4th 2012

You say the papers were "taken off" the American soldier.
You say the diary was "stolen" off the North Vietnamese soldier.
They used to be enemies.
The allegiance of one side, well, feudal men do feudal acts.
The allegiance of the other side, well, the men did not know
why they were fighting, or better yet, to stop communism?
A confused war, perhaps not, just another yoke to throw off,
on the one side,
on the other side, rank's salute to advancement,
ordering men seeking a relief from pain,
just told to do so, coerced really.
Makes for a worse war, generous in fear of death.

The other side was conquered for centuries,
one more enemy didn't make a difference.
Suzerainty and feudal obedience is not an honest handshake.
The five big banks of commerce don't want it so either.
Munitions, machinery stocks and economies,
do well in the fore–and aftermath.
Then, the reunion takes place quietly,
preceded by low level commerce,
disguised as doing business, "Made in Vietnam,"
so far away, so far removed from the dead.

Oh, they have moved on, the dead remembered,
counted one by one by name, on an earth black memorial,
silent, 58,000 strong, men and women.
The other dead numbers, so many, forgotten in anonymous tombs,
blended with the land, rice, and grass hillocks,
as if the war, death, and inhumanity never happened.
God bless the riches of new oil under the sea.

Cuando negociamos con el diablo,
él se ayuda a sí mismo.
Douglas W Anderson

Las noticias de Fox AM con JG
4 de junio de 2012

Dice que los documentos fueron "sacados" del soldado americano.
Dice que el diario fue "robado" del soldado norvietnamita.
Solían ser enemigos.
La lealtad de un lado, bueno, los hombres feudales cometen actos feudales.
La lealtad del otro lado, bueno, los hombres no sabían
por qué luchaban, o mejor aún, ¿para detener el comunismo?
Una confusa guerra, quizás no, sólo otro yugo para liberarse,
por un lado,
por el otro lado, el saludo del rango para el avance,
dando órdenes a hombres que buscaban el alivio del dolor,
mandados a simplemente hacerlo, en realidad contra su voluntad.
Hace que sea una guerra peor, generosa en el miedo de la muerte.

El otro lado fue conquistado durante siglos,
un enemigo más no marcaría una diferencia.
El protectorado y la obediencia feudal no son un sincero apretón de manos.
Los cinco grandes bancos de comercio tampoco lo quieren así.
A las municiones, inversionistas en maquinarias y a las economías,
les va bien en la pre y post–guerra.
Luego, la reunión se lleva a cabo tranquilamente,
precedido por el comercio de nivel bajo,
disfrazado de hacer negocios, "Hecho in Vietnam,"
tan lejos, y tan alejado de los muertos.

Oh, ellos resumieron sus vidas, recuerdan a sus muertos,
contados uno por uno por su nombre, en un monumento hecho de tierra negra,
silenciosos, 58.000 soldados, hombres y mujeres.
La otra cantidad de muertos, tantos, olvidados en tumbas anónimas,
mezclados con la tierra, el arroz y montículos de hierba,
como si la guerra, la muerte y la inhumanidad nunca hubiese sucedido.
Dios bendiga las riquezas del petróleo nuevo bajo el mar.

Now we appear to need each other again in a different way,
a manner of mutual cooperation, and the deep water port,
Cam Ranh Bay.

Taken and Stolen were two words you did not rebroadcast.
Yes, I noticed the deed, having your voice re-recorded.
It was the sellout 58,000 men and women feared when alive,
their lives wasted, disparaged in historical humiliation,
situational international relationships covering, smothering,
rendering their sacrifice as a political spin to not
offend the former enemy who has not changed either.
And you, self-scripted to rewrite, reedit, a nasty slur
of the dead you knew nothing about.

The diary was not "stolen."
Your words were a new echo, sounded across the cemeteries
of our nation, designed for two effects,
appease the governments and adolescent feudal minds
of those that enslave their peoples, having no idea who Jefferson was,
to get that deep water port and territorial oil in direct conflict
and one-upmanship to those powers who claim otherwise.

The lesson: never lie about dead soldiers
who sacrificed their idea of defending freedom,
even if they were taught a lie by their governments.
A soldier does not steal a diary from another dead soldier.
It may have been the only battlefield object each related to.

Ahora parece que nos necesitamos mutuamente otra vez,
    de manera diferente,
una forma de cooperación mutua y el puerto de aguas profundas,
la Bahia de Cam Ranh.

Tomado y robado fueron dos palabras que usted no volvió a transmitir.
Sí, me di cuenta del acto, hizo que su voz fuese regrabada.
Era la traición que los 58.000 hombres y mujeres temían cuando estaban vivos,
su vida desperdiciada, menospreciado en humillación histórica,
relaciones internacionales situacionales cubrían, sofocaban,
haciendo de su sacrificio una interpretación política para no
ofender al antiguo enemigo que no ha cambiado tampoco.
Y usted, reescribió el libreto a su medida, reditándolo, convirtiéndolo en una
    asquerosa calumnia
sobre los muertos de los cuales no sabía nada.

El diario no lo "robaron."
Sus palabras eran un eco nuevo que se voceaban en los cementerios
de nuestra nación, diseñado para dos efectos,
apaciguar a los gobiernos y las mentes feudales adolescentes
de los que esclavizan a sus pueblos, sin tener idea de quien fue Jefferson,
para conseguir ese puerto de aguas profundas y el petróleo territorial en
    conflicto directo
y quedar por encima de las potencias que afirman lo contrario.

La lección: nunca se debe mentir sobre soldados muertos
que sacrificaron su idea de defender la libertad,
aunque se les hubiese dicho una mentira por sus gobiernos.
Un soldado no roba un diario de otro soldado muerto.
Pudo haber sido el único objeto en el campo de batalla, con el cual cada uno
    se podía identificar.

As parents, so we are otherwise.
Douglas W Anderson

Our Legacy to You

When we are all gone,
no more in body,
but looming in spirit,
until we are mist,
you will understand the flux
in your vision of life.

The art you conceive will
arise and express within.
Thus, begins the rich
understanding of the
process of the heart.

Realize all that is good,
and develop from within.
Our legacy to you comes
down to the above words.

You are all loved
beyond measure.

Como padres, así somos de lo contrario.
Douglas W Anderson

Nuestro legado a ti

Cuando todos nos hayamos ido,
ya no más en cuerpo,
pero acechantes en espíritu,
hasta que seamos niebla,
entonces entenderás el flujo
en tu visión de la vida.

El arte que concibes
surgirá y se expresará adentro.
Así comienza la rica
comprensión del
proceso del corazón.

Darse cuenta de todo lo que es bueno,
y desarrollarse desde el interior.
Nuestro legado para ti se
concentra en las palabras susodichas.

Todos ustedes son amados
más allá de la medida.

For Denise and Chuck

Lilly the Labrador Retriever

You are the finest example of human touch,
unconditionally wanting only to be loved.
After a snack from the box of goodies,
you gently lay down on the cool grass, assessing the cat,
who doesn't seem to mind your snout either.

It is difficult to help you up knowing the pain
radiating from the left hip and shoulder,
belly full of tumor on palpation, wheezing,
the difficult inspiratory pressing on the abdomen,
but still letting my touch help without a peep.

Your eyes express a deep sentiment softly saying,
I need your help, it's alright, won't be long now.
How do you know such things Lilly, how?
How do you know I know it is time?
I know you are asking me to forgive you.

Oh, this is becoming confused thinking.
Can you forgive me for what I'm about to do?
How do you know Lilly?
How do you know I know?
How do we know it is the end?

So we rest awhile on the grass and love,
trying to forget, anxiously what's next.
Soon it is time, as it was for those before us,
and all lovers of humans who are furry friends,
giving themselves in unconditional love.

I loved you Lilly, I loved you Lilly;
every day you came in to wake us up.

Lilly el labrador retriever

Tu eres el mejor ejemplo del toque humano,
queriendo sólo ser amado sin condiciones.
Después de un bocadillo de la caja de golosinas,
suavemente te tiendes sobre el pasto fresco,
    examinando el gato,
que no parece importarle tu hocico tampoco.

Es difícil ayudarte a levantar sabiendo el dolor
que radia de tu cadera izquierda y hombro,
el vientre lleno de tumores al palparte, respirando con sibilancias,
la difícil inspiratoria presionando en el abdomen,
pero aún me dejas que mi tacto te ayude sin un quejido.

Tus ojos expresan un profundo sentimiento diciendo suavemente,
Necesito tu ayuda, está bien, no falta mucho tiempo ahora.
¿Cómo es que sabes estas cosas Lilly, ¿cómo?
¿Cómo sabes que yo sé que es tiempo?
Sé que estás pidiéndome que te perdone.

Oh, esto puedes se torna en pensamiento confuso.
¿Puedes perdonarme por lo que yo voy a hacer?
¿Cómo sabes Lilly?
¿Cómo sabes que yo sé?
¿Cómo sabemos que es el fin?

Así que descansamos un rato en el pasto y nos queremos,
tratando de olvidar, ansiosamente lo próximo.
Pronto llega el momento, como lo fue para los que nos precedieron,
y todos los amantes de los seres humanos que son amigos peludos,
que se entregan en amor incondicional.

Te quería Lilly, te quería Lilly;
cada día venias a despertarnos.

Death comes quick, silent and limp.
It is what one hears and feels,
trying to avoid an unmitigated
loss of humanity.

God gave us a chance to care for you.
You gave us the chance in turn to be loved.

La muerte viene rápido, silenciosa y débil.
Es lo que se oye y se siente,
tratando de evitar una absoluta
pérdida de humanidad.

Dios nos dio la oportunidad de cuidarte.
Tu nos diste la oportunidad en cambio de ser amados.

For those who thought they saw something
in what they saw.
Douglas W Anderson

My Friend at the Open Door

The violence of intimacy is always close at hand,
perhaps closer than one realizes in life's confusion.
It shatters under the influence of political behavior,
elevating everyone close to the precipice of insanity.

The makers of envy convince themselves of honesty,
lacking complete understanding of human contact,
in all its forms of goodness, charity, loveliness,
sincerity, kindness of the soul, hope, and grace.

They take us so close to the cold of the dead,
the fire of destruction of civilizations' structure,
so close to our demise, final days and death.

They shroud themselves in the appearance of
self–righteousness and the revealers of truth,
morality, substance, problem solvers of nature,
and the sustenance givers of life and right.

What appears to them they can never know.

It is what drives them to violate all truth in
any discovery of another's nurturing of himself,
or others where intimacy of contact or association,
is required to absorb wisdom concealed within.

They perpetuate lies and untruths, most innocently,
thinking they are saving souls and social positions
of the apparent damned, who are sinning beyond reason.

Para aquellos que creyeron haber visto algo
en lo que vieron.
Douglas W Anderson

Mi amigo en la puerta abierta

La violencia de la intimidad siempre está cerca de la mano,
quizás más cerca de lo que uno se da cuenta en la confusión de la vida.
Se rompe bajo la influencia del comportamiento político,
elevando a todos más cerca del precipicio de la locura.

Los creadores de la envidia se convencen de la honestidad,
faltándoles una completa comprensión sobre el contacto humano,
en todas sus formas de bondad, caridad, hermosura,
sinceridad, bondad de alma, esperanza y gracia.

Nos llevan tan cerca del frío de los muertos,
el fuego de la destrucción de la estructura de las civilizaciones,
tan cerca de nuestra extinción, últimos días y muerte.

Se amortajan en la apariencia de ser
altruistas y los reveladores de la verdad,
moralidad, sustancia, solucionadores de problemas de la naturaleza,
y los donantes del sustento de la vida y el derecho.

Lo que se les aparece jamás pueden saber.

Es lo que les impulsa a violar toda la verdad en
cualquier descubrimiento de otro que se cuida por sí mismo,
u otros donde la intimidad del contacto o asociación,
se requiere para absorber la sabiduría oculta adentro.

Perpetúan mentiras y falsedades de una manera muy inocente,
pensando que están salvando almas y posiciones sociales
de los supuestos condenados, que pecan más allá de la razón.

The intimacy of the innocent associations
are never seen to have reasoning in human contact.
Sharing with another's mind, thoughts, and conversations,
in the full light of exposure, is not enough truthful scene,
in the eyes of the self–righteous or envy makers.

Ruinous resolution is their only effective way to act
out their envy and ignorance, ignited by observation,
fouled in the fuel of their charred vision of life,
static in their own miserable existence.

Truth matters not.

La intimidad de las asociaciones inocentes
nunca se ven como si fuesen razonables en el contacto humano.
Compartir con la mente, pensamientos y conversaciones de otros ,
en plena luz de exposición, no es un escena suficientemente veraz,
a los ojos de los creadores de los mismo altruistas o creadores de envidia.

La resolución ruinosa es su única manera efectiva de simular
su envidia y la ignorancia, encendida por la observación,
ensuciada en el combustible de su visión carbonizada de la vida,
estáticos en su propia miserable existencia.

La verdad no tiene importancia.

Within Memories' Margins

The crowd eulogized Seferis in the streets of Athens,
calling out common verse inscribed in memories' margins,
their favorite images of the great master.
They knew what he meant in script, or after,
suffering the pain of writing allusions common to poets,
who strive for the truth within and while living,
posits between the lines the reservoir of a heart's ache far more,
than any evolving expression of the self–metaphor.

Is it far better to strive for the quest and the process,
than to camouflage imagery as something else?
Rilke was so forthright about the process of the heart,
but did we forget his lines that God was not explicit, only part
of the forged events of his life to confront the illusions?
At what cost did he advanced ahead of our common immersions,
the understanding of his quest, journey and inward limits?
Oh, if we could gather into one bundle who we are or what we inherit.

At what age do we discover who we really are?
Yet, at any age we do ignore this idea from afar.
Perhaps we don't want to know, or better not to know.
If so, we would have to be responsible for the show,
the consequences of our outward appearance unfolding,
the chaos needs to be deceptive, quite often misleading:
it imprisons us all too close to those who don't understand;
the pretenders of veneration with royal colors in command.

As poets, our work rests at some time determined by context.
The following generation may be aroused reading us next.
The birth and success of poets have been shouldered on the fallen,
discovered also in their fear to seal truth in a beautiful fission,
of metaphors, imagery, alliterations and sounds of words annealed,
against the background of love's life and heartaches concealed.
At times, someone comes along with a deep sense to write,
about the true nature of being sentient, and moves us all to unite.

Dentro de los márgenes de los recuerdos

La multitud elogiaba a Seferis en las calles de Atenas,
voceando el verso común inscrito en los márgenes de los recuerdos,
sus imágenes favoritas del gran maestro.
Ellos sabían lo que él quiso decir en escritura, o después,
sufrir el dolor de escribir alusiones, cosa común de los poetas,
que se esfuerzan por la verdad interna y mientras gozan de la vida,
proponen entre las líneas el embalse del corazón mucho más,
que cualquiera evolución de la expresión del auto–metáfora.

¿Es mucho mejor luchar por la búsqueda y el proceso,
que camuflar las imágenes como algo más?
Rilke fue tan directo sobre el proceso del corazón,
pero ¿no nos olvidamos de sus líneas que Dios no era explícito, sólo en parte
de los acontecimientos forjados de su vida para hacerle frente a las ilusiones?
¿A qué costo se adelantó de nuestras comunes inmersiones,
la comprensión de su búsqueda, trayectoria y limites internos?
Oh, si pudiéramos juntar todo en un solo bulto lo que somos o lo que
    heredamos.

¿A qué edad descubrimos quiénes somos realmente?
Sin embargo, a cualquier edad ignoramos esta idea desde lejos.
Tal vez no queramos conocer, o mejor no saber.
Si es así, tendríamos que responsabilizarnos por el show,
las consecuencias de nuestra apariencia externa desplegándose,
el caos debe ser engañoso, y muy a menudo falaz:
nos encarcela demasiado cerca de aquellos que no entienden;
falsos aspirantes de la veneración con colores reales a su mando.

Como poetas, nuestro trabajo se basa en algún momento determinado por su
    contexto.
Puede que se anime la próxima generación a leernos a continuación.
El nacimiento y el éxito de los poetas ha sido llevado en los hombros de los
    caídos,
descubiertos también en su temor a sellar la verdad en una fisión hermosa,
de metáforas, imaginaría, aliteraciones, y sonidos de las palabras templadas,
contra el trasfondo de la vida del amor y penas ocultas.
A veces, alguien llega con un profundo deseo de escribir,
sobre la verdadera naturaleza de ser inteligentes y nos conmueve para que
    todos nos unamos.

The High Sierra

Between the high sierra uplifts,
and the moon's ancient surface rough rifts,
is the silhouetted baying shadow of the
lone stag voicing in clouds of frozen crystal,
angling toward the summits, calling the wild ritual.

The image, identifier of species to species,
that scene played out in the quest sureties,
for some exchange toward freedom
from pain, the momentary resolute reign,
and exhilaration of living life unfeigned.

There is some sense of the interspace
above the crags that link and enlace
the mountains of the moon's surface, that is
as old and far away as time memorial,
bound in the tension of DNA's dispersal.

The lone voice heard deep and intense,
within the lung's hallow, bursting dense,
through the silence, as if someone
will hear the power of blood's nature,
coursing the flight of time's arrow and archer.

La Sierra Alta

Entre los levantamientos de la alta sierra,
y las antiguas desavenencias ásperas de la superficie de la luna,
está la silueta del aullido sombrío
del solitario ciervo voceando en nubes de cristal congelado,
inclinado hacia las cumbres, llamando el ritual salvaje.

La imagen, identificadora de especie a especie,
esa escena revelada en la búsqueda segura,
por algún cambio para la liberación
del dolor, el reinado decidido momentáneo,
y la alegría de vivir la vida sin fingirla.

Hay un sentido del inter–espacio
por encima de los riscos que encadenan y enlazan
las montañas de la superficie de la luna, que es
tan viejo y tan lejano como el tiempo memorial,
adherido a la tensión de la dispersión del ADN.

La solitaria voz que se oye profunda e intensa,
dentro de la cavidad de los pulmones, estalla densa,
a través del silencio, como si alguien
fuera a escuchar el poder de la naturaleza de la sangre,
corriendo el vuelo de la flecha y arquero del tiempo.

In between the Id and Superego

I don't like to use "I" in a poem.
If I do though,
will you be upset?

The ostensive serpentine course,
"I" usually takes one in a poem,
is either, linear and disguised,
as a tortuous tack
of self–profane discourse,
or, so meandering the "I" is only
what is recognized.
Rarely is the "I" poignant.

At times the "I" wants me
to feel something,
not understandable.
The "I" can't get up enough umph
with all the other word helpers,
to evoke the emotions
it wants me to sense.

If I hang my head,
in resolution to pray,
do you understand my action?

If I move thither and wither,
does it make a difference?
A metaphor or imagery helps.

Only one question needs to be asked!
What would happen to me if I,
removed the "I,"
and declared myself part of you,
even for just a few moments,
or longer?

Would you be ready
to receive me?

Entre el id y el superego

No me gusta usar el "Yo" en un poema.
Si lo hiciera
¿te molestaría?

El curso ostensivo serpenteante,
el "Yo" generalmente solo abarca a uno en un poema,
es, ya sea linear y disfrazado,
como una dirección retorcida
del discurso auto–profano,
o, sólo el serpenteante "Yo"
es lo que se reconoce.
Raramente es el "Yo" conmovedor.

A veces el "Yo" quiere que yo
sienta algo,
que no se entienda.
El "Yo" no puede reunir suficiente motivación
con todos los otras palabras auxiliares,
para evocar emociones
que quiere que sienta.

Si cuelgo mi cabeza,
en resolución para orar,
¿entiendes mi acción?

Si me muevo de allá para acá,
¿hay una diferencia?
Una metáfora o imaginaría serian útiles.

¡Solo una pregunta falta por hacerse!
¿Qué me pasaría a mí si yo,
me quitara el "Yo,"
y me declarara parte de ti,
aunque sea por unos momentos,
o más?

¿Estarías listo
para recibirme?

The Inner Man

Looking inside the workings
of the inner man,
you will find contradictions,
as inside yourself.
You will even find out
what he doesn't know,
and then what do you
do with that;
only to find yourself
looking into a mirror?

El hombre interno

Al mirar dentro del mecanismo
del hombre interior,
encontrarás contradicciones,
igual como en tu interior.
Incluso encontrarás
lo que él no sabe,
y entonces ¿qué
haces con eso;
sólo para encontrarte después
mirándote al espejo?

The United States Congress

This transition from one word to the next,
this never ending bullous babble,
this acceptable deception,
this sanctimonious acting out,
this claudication of civility,
concurrent with a rise of self–delusion,
underneath a menacing meanness,
a defamed dogged dinginess,
so the words flow,
so speaks the vicious ensembles
of Congress and their sheep staffs,
interloping for justice,
or so they think.

They just refine the general,
then get specific, but,
risk being definite.
This does attack the ego,
since the general is ambiguous.
It can be defended
from any position,
and more likable.
Being definite, direct,
and a problem solver
for individual freedom,
you are labeled the
accursed and accused,
for attacking the ego,
and frequently lose
to the offended ego,
who reaches for the general
to defend the ambiguous.

Around and around we go,
from moment to moment,
from word to word,
you must pass the bill
before you can
find out what's in it!

El Congreso de Los Estados Unidos

Esta transición de una palabra a la siguiente,
este interminable balbuceo avejigado,
este engaño aceptable,
este mal comportamiento moralista,
esta claudicación de civilidad,
concurrente con un aumento de autoengaño,
bajo una amenazante malevolencia,
una difamada suciedad tenaz,
para que las palabras fluyan,
así hablan las viciosas asambleas
del Congreso y su personal de borregos,
entrometiéndose en la justicia,
o eso es lo que piensan.

Ellos sólo refinan lo general
luego se ponen específicos, pero,
arriesgan ser definitivos.
Este sí que ataca el ego,
puesto que lo general es ambiguo.
Se puede defender
desde cualquier posición,
y ser más agradable.
Al ser claro, directo,
y resolvedor de problemas
por la libertad individual,
te tachan de
maldito y acusado,
por atacar el ego,
y frecuentemente pierdes
contra el ego ofendido,
que busca lo general
para defender lo ambiguo.

Vamos dando vueltas y más vueltas,
de momento a momento,
de palabra en palabra,
¡debes aprobar la ley
antes de que puedas
averiguar en qué consiste!

One / Infinity (∞)

If one has faith,
there can be doubt.
If one has doubt,
there can be faith.

If one has lost faith,
and strong doubt is present,
then one must remember,
only the acts of man
cast disaster and doubt.

The acts of nature are
a perceived perfect entropy,
all in a collusion
of dark matter unseen,
matter and antimatter,
together having a positive sum,
of less than one,
more than zero,
that ratio tending toward
randomness in the universe.

We are the Yin and Yang,
we are Lucifer and God.
We are composed of opposites,
into one unity.
The sum is always zero.

The words we use,
assume our myth,
the pieces that
hold us together.
The sum is always zero.

The goal of the soul
is to affirm life,
existence beyond presence,
beyond dark matter,
to achieve the lowest entropy,
but, more positive than zero.

Una / Infinidad (∞)

Si uno tiene fe,
puede haber duda.
Si uno tiene dudas,
puede haber fe.

Si uno ha perdido la fe,
y una duda fuerte está presente,
entonces uno debe recordar,
sólo los actos del hombre
causan desastre y duda.

Los actos de la naturaleza son
una percepción perfecta de entropía,
toda en una colusión
de materia oscura invisible,
materia y antimateria,
juntas comprenden una suma positiva,
menor al uno,
más de cero,
esa proporción dirigida hacia
la aleatoriedad en el universo.

Somos el Yin y el Yang,
Somos Lucifer y Dios.
Estamos compuestos de opuestos,
hacia una unidad.
La suma es siempre cero.

Las palabras que usamos,
asumen nuestro mito
las piezas que
nos unen.
La suma es siempre cero.

La meta del alma
es afirmar la vida,
la existencia más allá de la presencia,
más allá de la materia oscura,
para lograr la entropía más baja,
pero, más positiva que el cero.

The Sand and Limestone of Time

The declaration of knowledge,
espousing a moral direction,
then deferral to one in the hierarchy,
is counter to error theory.
We should defer to ourselves first.
That is the rule when tired or dull,
unless we continually think
all around us know more.
This ring around our neck,
occasionally pulled tight,
restricts our boundaries.
So careful are we to avoid mistakes.
Then what happens?
Perhaps more self-evaluation is in order.
Slowly the nihilists become obvious.

Your power is not a will to power,
but your knowledge has power.
Your (perceived) master's knowledge curve
is steep, laden with error in the end.
Destructive in the conflict of good versus evil.

Your curve is mild, gentle;
consolidates a focused passion,
ascending, building a scale of insight,
that pierces pieces critically in place,
and arranges the necessary cerebral wiring,
connecting reasoning, rational thought,
critical review, questioning organizational
structure of thinking, thoughts, and expressions.

The eventual discovery of capacity,
is serene and abrupt,
a realization in our own right,
not prone to much error, almost,
a masculine presence of certainty.
We find later we actually
do know more than our
patient, persistent, presence, presents.

La arena y la caliza del tiempo

La declaración del conocimiento,
que expone una dirección moral,
luego para deferir a uno en la jerarquía,
es contrario a la teoría del error.
Debemos deferir a nosotros mismos primero.
Esa es la regla cuando se está cansado o aburrido,
a menos que pensemos continuamente
que todos a nuestro rededor saben más.
Este anillo alrededor de nuestro cuello,
de vez en cuando nos aprieta fuertemente,
restringe nuestras fronteras.
Tan cuidadosos somos para evitar errores.
Entonces ¿qué pasa?
Tal vez más autoevaluación sea necesaria.
Lentamente los nihilistas se hacen evidentes.

Tu poder no es una voluntad de poder,
pero tu conocimiento tiene poder.
La curva del conocimiento de tu amo (percibido)
es profunda, cargada de error al final.
Destructivas en el conflicto del mal contra el bien.

Tu curva es suave, apacible;
consolida una pasión enfocada,
ascendente, que construyes una escala de intuición,
que pincha críticamente las piezas en su lugar,
y organiza la programación cerebral necesaria,
conectando el razonamiento y el pensamiento racional,
la revisión crítica, cuestionando la estructura organizacional
del pensamiento, los pensamientos y las expresiones.

El eventual descubrimiento de la capacidad,
es sereno y abrupto,
una realización en nuestro propio derecho,
no propenso a mucho error, casi,
una presencia masculina de certeza.
Más adelante nos damos cuenta
que en realidad sabemos más que nuestra
paciente y persistente paciente presenta.

A confidence from an obscure conversation,
concealed in the confines of
cerebrate causation carefully crafted
in the cerebral confessions of certitude.
Perhaps it is best to be so?

Then we discover something
meaningful enough to mute innocence.
Does the will to power know more?
Well, no!
But those wills are wired differently!

Self–love, narcissism, deference to the self,
no community commitment to conscious,
a steep master's learning curve,
or incessant purification rituals,
are warning signs of the liars' coming,
always appearing to come of age,
never arriving to conclusion.

Since the mercantile interests in Venice,
to the British mercantile banks,
and the accumulated wealth at Waterloo,
to modern Wall Street today,
the will to power will continue to lay waste,
settling deep in the sandstone of history,
our monuments and deeds,
far removed from any discoverable affect,
someday, to be discovered under foot,
like the treasures of Thebes.
We will be looked upon as
relics of a distant age, with mysterious
misplaced thought processes,
ignorant of histories lessons,
or man's duty to his species.

Una confianza de una oscura conversación,
escondida en los confines de la
causalidad cerebral, cuidadosamente confeccionada
en las confesiones cerebrales de la certeza.
¿Tal vez sea mejor que así sea?

Entonces descubrimos algo
significativo para mudar a la inocencia.
¿Sabrá más la voluntad del poder?
¡Pues, no!
¡Pero esas voluntades están programadas diferentemente!

Amor hacia uno mismo, el narcisismo, respeto a uno mismo,
ningún compromiso comunitario al consciente,
una curva empinada de aprendizaje maestro,
o rituales de purificación incesantes,
son señales de advertencia de la venida de los mentirosos,
siempre parecen llegar a la mayoría de edad,
sin nunca llegar a una conclusión.

Desde los intereses mercantiles en Venecia,
a los bancos mercantiles británicos,
y la riqueza acumulada en Waterloo,
al moderno Wall Street de hoy,
la voluntad del poder seguirá asolado,
asentándose en la profundidad de la piedra arenisca de la historia,
nuestros monumentos y hazañas,
alejados de cualquier afecto descubrible
algún día, serán descubiertos pisoteados,
como los tesoros de Tebas.
Nos verán como reliquias de una era distante, con misteriosos
procesos de pensamientos fuera de lugar,
ignorante de las lecciones de la historia,
o el deber del hombre a su especie.

The remnants, isolated giant offerings
from the past, laden with the gods
vectors aimed toward posterity,
are silent now, so distant in affect.
We see the same message from all ruins;
our end may very well terminate
in the cold limestone of time.

"Ozymandias" was a warning.
We should not release the same vector,
embedded in time's arrow,
slung en route to the future,
from the past's quiver of anticipation,
or the margin between fire,
and ice becomes too thin,
eventually to be vaporized from sight,
only to witness our histories' demise.
The ether shall remain weighted, heavy, still,
burying our light in the timeless sands,
reminding those who find our remnants,
we witnessed the ramparts of Ramses,
that still remain partially buried.
The artist, pedestal, rulers omnipotent,
remain encased in the stone base,
with no voice of past thoughts.
Does this end have to repeat itself,
as is often done in so many histories?

Some modern geneticists see algorithms,
refining thoughts of natural selection, survival;
different than pre-Columbian histories,
of disappearing populations' stability,
deforestation, water quality, soil erosion,
atmospheric changes, ocean temperature;
changes causing civilizations to vanish.

A will to power somehow packed
between the double helix is double edged,
coincident with a velocity of DNA.
Once in motion since the simplest cells,
to the most complex proteins,
not even catastrophic ice, asteroids, volcanism,
or self-induced destruction can stop DNA;
or where space-time is not unified,
or perhaps the sun's radiation depletion.

Los restos, ofertas gigantes aisladas
del pasado, cargadas con los dioses
portadores dirigidos hacia la posteridad,
ahora yacen silenciosos, tan distante, en afecto.
Vemos el mismo mensaje de todas las ruinas;
nuestro fin es muy probable que termine
en la fría piedra caliza del tiempo.

"Ozymandias" fue una advertencia.
No debemos soltar el mismo portador,
incrustado en la flecha del tiempo,
arrojándolo rumbo al futuro,
desde la aljaba del pasado de anticipación,
o el margen entre el fuego,
y el hielo se pone demasiado fino,
eventualmente vaporizando la vista,
sólo para presenciar la desaparición de nuestras historias.
El éter permanecerá ponderado, pesado, quieto
enterrando nuestra luz en las arenas intemporales del tiempo,
recordándoles a aquellos que encuentren nuestros restos,
fuimos testigos de los muros defensivos de Ramsés,
que aún permanecen parcialmente enterrados.
El artista, pedestal, omnipotentes gobernantes,
permanecen encerrados en la base de piedra,
sin voz de pensamientos previo.
¿Tiene este final que repetirse,
como a menudo sucede en tantas historias?

Algunos genetistas modernos ven algoritmos,
que refinan pensamientos sobre la selección natural, la supervivencia;
diferente a las historias precolombinas,
la estabilidad de las poblaciones que desaparecen,
deforestación, calidad del agua, erosión de la tierra,
cambios atmosféricos, la temperatura oceánica;
cambios que causan la desaparición de las civilizaciones.

Una voluntad del poder empacada de alguna
manera entre la doble hélice es de ndoble filo,
coincidente con una velocidad del ADN.
Una vez en movimiento desde las células más simples,
a las proteínas más complejas,
ni el hielo catastrófico, asteroides, volcanismo,
o destrucción auto–inducida puede detener el ADN;
o el espacio–tiempo no está unificado,
o tal vez el agotamiento de la radiación solar.

The adjustments keeping the sands burial
at bay are: recognition of the instability
of the will to power, the lessons of natural histories,
the tendency toward energetic self–love in politics,
and its removal from self–interest.
They are the disguise of "for the common good."
We need a tempered belief, in the future
recognition, to empower those who have
discovered some capacity through knowledge,
and one simple quality of personality;
no leader possessed in ancient or recent past.

Socrates met his demise by his own hand,
showing the Athenians who sentenced
him to death he was ultimately in charge
of his life in all respects to decide his actions.
He willingly succumbed to the hemlock,
beyond their authority to condemn him.
Virtue was pernicious, but virtue in spite,
was happiness above all else in life,
the immovable, elegant, ultimate, happiness.

We are influenced by allegories.
We do not tell enough of them.
We are not much beyond
the citizen in the times of Socrates.

Those wired differently though,
are the ones who build monuments.
The Hamiltonians who believed
in a mercantile system of elite benefits,
or the John Marshalls who believed
in the necessary part of the "Necessary
and Proper" clause of the Constitution;
they all lead us to the end in time.

Los ajustes para mantener el entierro de las arenas
a raya son: reconocimiento de la inestabilidad
de la voluntad del poder, las lecciones de las historias naturales,
la tendencia hacia al auto–amor energético en la política,
y la eliminación del interés propio.
Son el disfraz "para el bien común."
Necesitamos una creencia templada, en el
reconocimiento futuro, para capacitar a quienes han descubierto cierta ca-
pacidad por medio del conocimiento,
y una simple calidad de personalidad;
ningún líder ha poseído en la antigüedad o el pasado reciente.

Sócrates enfrentó su muerte por su propia mano,
demostrando a los atenienses que lo condenaron
a muerte que en el fondo él estaba a cargo
de su vida en todos los aspectos para decidir sus acciones.
Voluntariamente sucumbió a la cicuta,
más allá de la autoridad que tenían para condenarlo.
La virtud era perniciosa, pero la virtud a pesar
de todo era la felicidad sobre todo en la vida,
la inamovible, elegante, ultima, felicidad.

Estamos influenciados por alegorías.
No basta con las que contamos.
No somos mucho más que
los ciudadanos en el tiempo de Sócrates.

Pero los que están programados diferentemente
son los que construyen monumentos.
Los hamiltonianos que creían
en un sistema mercantil de beneficios privilegiados,
o los John Marshalls que creían
en la parte necesaria de lo "Necesario
y Apropiado" en la cláusula de la Constitución;
todos con el tiempo nos conducen al final.

"Ozymandias" says we are inevitable
to reach our demise in time.
Hubris' decline to a nemesis is a key
that unlocks the story of the will to power,
its compass heading and demise.
From Brute of Troy to today's leaders,
this is evident, even formal religious piety,
has not escaped the rigorous snare.

Leaders have never liked a well-educated
population who can critically think.
Propaganda is always part and parcel,
of the attempt to persuade with lies.
Eliminate it with well-tempered literature,
close examinations of peoples' histories,
promise science and moral intent of purpose,
music, art, ethics, imaginative thought,
and associative stimulation of the imagination.
Level, to the gutter, dialectical thinking,
learning, and isolate ignorance to the dung heap
of failed self-serving efforts, by those who would
lead us to a sandstone burial without conscience.

Replace tyranny with mental stability.
We still haven't ended slavery or the
desire to follow blindly into slavery.
When we have ended such behavior,
we should be free enough to strive
for a different future than the well-nurtured
plans of everyone who preceded us
in the process of becoming.

The Roman Empire was defeated by
the chronic rise of stable armies,
and necessary trade with its own
mirror image outside the eastern
boundaries, their treasury soon depleted.

The blistering necessities of empire,
then bled a thousand epoch cuts,
that dried as part of the sandstone
and granite of the monuments,
now rubble on the hard ground,
covered, half buried, with the sands of time.

"Ozymandias" dice que es inevitable
que lleguemos a nuestra desaparición a tiempo.
El rechazo de la arrogancia a un némesis es una llave
que abre la historia de la voluntad del poder,
el rumbo de su brújula y fallecimiento.
Desde Bruto de Troya a los líderes de hoy,
esto es evidente, incluso la devoción religiosa formal
no se ha escapado del cepo riguroso.

A los líderes nunca les ha gustado una población bien–educada
que puede pensar críticamente.
La propaganda es siempre parte integrante
del intento de persuadir con mentiras.
Elimínala con literatura bien templada,
el análisis minucioso de las historias de los pueblos,
le promete a la ciencia y la intención moral del propósito,
música, arte, ética, pensamiento imaginativo,
e estimulación asociativa de la imaginación.
Al nivel de la alcantarilla, el pensamiento dialéctico,
el aprendizaje y la ignorancia aislada se tira al montón de estiércol
de los intereses particulares fallados, por quienes
nos llevan a un entierro de piedra arenisca sin conciencia.

Reemplaza la tiranía con estabilidad mental.
Aún no hemos terminado con la esclavitud o el
deseo de seguir ciegamente rumbo a la esclavitud.
Cuando hayamos terminado con tal comportamiento,
deberíamos quedar lo suficientemente libres para luchar
por un futuro diferente que los planes bien–fomentados
de todos los que nos precedieron
en el proceso de actualizarse.

El imperio romano fue derrotado por
el aumento crónico de ejércitos estables,
y el comercio necesario con su propia
imagen reflejada afuera de las fronteras orientales,
su tesoro luego se agotó.

Las necesidades abrasadoras del imperio,
entonces sangró a mil cortes de la época,
que se secaron como parte de la piedra arenisca
y granito de sus monumentos,
ahora escombros en la tierra dura,
cubiertos, medio-enterrados, con las arenas del tiempo.

Epilogue

I have pursued three paths in my life,
the ways being unknown in the beginning.

Eventually, after entering the dark forest,
I followed what light there was
to the place where I am now.

First, I pursued an education;
in every subject I was curious.
Second, I pursued knowledge of Calculus,
to learn how to think,
never to describe motion,
nor that of a heavenly body.
Third, I pursued respect of myself,
the love of others came in return;
in that order, it seems.

I achieved all three,
never really knowing
I was doing just that,
until one day on a sapphire sea,
I watched the sun sail on the horizon,
like a golden galleon,
as Longfellow described it.
From then on nothing was ever the same.

When I entered adulthood,
I never asked for help,
because I didn't know how to ask.
Some stood in my way directly,
some wished they had not.
Many eventually gave up and failed,
in one or two of the same pursuits.
I watched their spirits perish by their own hand,
wished them well as we parted.

To have come to the end of my life,
loved by one for all those years,
unchanging in view of all my faults,
is a blessing unmatched.

Epílogo

He seguido tres caminos en mi vida,
las formas que tomarían eran desconocidas al principio.

Eventualmente, después de entrar en el bosque oscuro,
seguí lo que había de luz
al lugar donde ahora estoy.

Primero, fui en busca de una educación;
sobre cada materia tenía curiosidad.
Segundo, fui en busca de conocimientos sobre el Cálculo,
para aprender a pensar,
nunca para describir el movimiento,
ni la de un cuerpo celestial.
Tercero, fui en busca del respeto hacia mí mismo,
el amor de los demás vino a consecuencia;
en esa orden, me parece.

Logré los tres,
nunca verdaderamente sabiendo
que estaba haciendo justamente eso,
hasta que un día en un mar de zafiro,
vi el sol navegar en el horizonte,
como un galeón dorado,
tal como lo describió Longfellow.
De ahí en adelante nada sería lo mismo.

Cuando entré en mi madurez,
nunca pedí ayuda,
porque no sabía cómo pedirla.
Algunos se interponían en mi camino directamente,
a algunos le hubiese gustado no haberlo hecho.
Muchos eventualmente se rindieron y fracasaron,
en una o dos de las mismas búsquedas.
Vi sus espíritus perecer por su propia mano,
y les deseé lo mejor al marcharnos.

Al haber llegado al final de mi vida,
Y ser amado por una persona por todos esos años,
inalterable a pesar de todos mis defectos,
es una bendición sin comparación.

My muse accepted her gift from her mother.
Without hesitation, she gave it to me,
and in turn we gave it to our children.

In the end that is all that ever mattered.
In the end I fulfilled my visions.
In the end the three paths
converged into one path,
the one I'm on now,
alive with every breath,
grateful for the life,
I was granted.

Mi musa aceptó el regalo de su madre.
Sin vacilar, ella me lo dio,
y a su vez se lo dimos a nuestros hijos.

A fin de cuentas eso era lo único que importaba.
Al final cumplí mis visiones.
Al final los tres caminos
se convergieron en uno solo,
en el que estoy ahora,
vivo con cada aliento,
agradecido por la vida,
que se me concedió.

www.ingramcontent.com/pod-product-compliance
Lightning Source LLC
Chambersburg PA
CBHW051838040426
42447CB00006B/596